·李营 主编

麻辣科学

"无奈"的科学

郭建红 编

山东大学出版社

图书在版编目（CIP）数据

麻辣科学."无奈"的科学/李营主编；郭建红编.
—济南：山东大学出版社，2013.9
ISBN 978-7-5607-4882-5

Ⅰ.①麻… Ⅱ.①李… ②郭… Ⅲ.①科学知识—普及读物 Ⅳ.①Z228

中国版本图书馆CIP数据核字（2013）第210437号

策划编辑：马银川
责任编辑：陈 珊
整体设计：张 荔

出版发行：山东大学出版社

社址：山东省济南市山大南路20号
邮编：250100
电话：市场部（0531）88364466
经销：山东省新华书店

印刷：山东华鑫天成印刷有限公司
规格：890毫米×1000毫米 1/16 8.75印张 131千字
版次：2013年9月第1版
印次：2013年9月第1次印刷
定价：29.00元

写在前面的话

随着科技的发展，我们的生活也在不断地改变。然而，科学在表现出广阔前景的同时，在很多时候它也充满了无奈。科学就像一把双刃剑，有利，也有弊。

在日常生活中，食品是与我们息息相关的，每天我们都要摄入一定量的食物，才能保持身体的正常运转，然而有些食品却会让人心有余悸。例如转基因食品目前是备受争议的，到底它对人体是有害还是无害，目前科学也无法做出一个令人满意的回答。比如，为了奶茶中的珍珠粉圆更有嚼头，一些黑心的商家会在珍珠粉圆中兑入塑料，吃起来美味的珍珠奶茶实际上并不是那么安全。此外，在我们口渴想喝饮料的时候，我们要考虑其中是否含有塑化剂。科学一旦成为人们不择手段的牟利工具之后，就会反过来伤害人类自身。

在人们使用日用品的时候也要注意是否会伤害到自身。比如我们经常使用的清洁粉，也会对身体产生危害。长期使用清洁用品，手会出现干裂、发紧等症状。化妆品虽然有一定的保护、美化人体肌肤的作用，但由于一般的化妆品都是化学合成品，难免会挥发出各种有害物质。这些有害物质对皮肤不仅有刺激作用，还有可能导致水肿、瘙痒、斑疹等“化妆品皮炎”。诸如此类，不一而足。

这本《麻辣科学·“无奈”的科学》涉及的内容包括生活中有毒的食品、日用品以及科学史上的灾难事故、医学中长期未能治愈或探明病因的疾病等几个方面。科学不是万能的，其中也充满了无奈！它不能解决许多社会问题，它具有自身的局限性，正如沃德所说“如果单纯追求所谓科学技术，而忽视了科学既给人类带来福利又带来危害，那是最愚蠢不过的”。读完本书，希望读者在以后的日常生活中，能辩证地看待科学。客观世界是不断发展的，将会出现许多问题，科学不能解释一切，它需要人类的不断探索和研究，需要人们的不断努力。

为了增加知识的趣味性，提高青少年读者的阅读兴趣，本书特意塑造了两个角色——小龙崎和龙叔叔。小龙崎是一个活泼开朗的学生，酷爱科学，对世界上的一切事物都充满好奇和兴趣，平时总喜欢缠着龙叔叔问个“为什么”。龙叔叔是一位科学院的博士，他知识渊博，对世界科学史了如指掌，因此总被小龙崎“纠缠”。但不管小龙崎如何“刁难”，他都能对答如流。通过小龙崎与龙叔叔的一问一答，本书深入浅出地将科学知识生活化、趣味化。你还等什么呢？赶快跟随小龙崎和龙叔叔开始一段精彩有趣的科学之旅吧！

另外，鉴于编者水平有限，书中难免存在粗疏错漏之处，敬请方家不吝赐教。本书在编写过程中，尤其是在解释科学现象或说明科学原理部分，参考了部分专家学者的观点和著作，在此一并深致谢忱！

编 者

2013 年 5 月

目录

一、让人心有余悸的食品

二、使用要当心的日用品

麻辣科学——“无奈”的科学

三、科学史上的灾难事件

四、医学中的无奈

一、让人心有余悸
的食品

1 转基因食品的是与非

小龙崎和龙叔叔有一次在电视上看到了关于转基因食品的节目。在节目中，人们针对转基因食品进行辩论。有人认为转基因食品有利于人类的生存，也有专家认为转基因食品不能给人类食用。小龙崎感到很好奇，于是问龙叔叔："龙叔叔，到底什么是转基因食品？为什么有的人说它好，有的人说它不好？这种转基因食品能不能吃啊……"

龙叔叔被小龙崎喋喋不休的问题给烦到了，于是便对他说："你先静下来，龙叔叔慢慢跟你解释什么是转基因食品，转基因食品到底好不好。这个问题可是要见仁见智，它是有功也有过的，龙叔叔慢慢讲给你听吧。"

小龙崎马上静了下来，安安静静地等待着龙叔叔的回答。

转基因食品现在主要广泛应用于食品行业中。转基因食品是一种新生事物，利用现代分子生物技术，将某些生物的基因转移到其他物种中去，以改造生物的遗传物质。转基因食品通常在形状、消费品质、营养品质等方面向人们所需要的目标转变。

转基因将生物的不好特性"去掉"，保留下好的特性。例如，目前的小麦品种含蛋白质较低，但是面包生产需要的小麦应该有高蛋白质含量，为了使面包具有更好的焙烤性能，可以使用转入高效表达的蛋白基因的小麦。再如，黄曲霉素本身是致癌物质，转基因食品可以降低有害物质如黄曲霉素等在玉米中的存在。另外，转基因技术可以减少了因害虫造成的创口，提高产品的安全性，所以转基因食品往往可以使一些食品更加绿色。转基因食品一般农药残留也比较少，因为它所采用的技术能够减少农药的用量。所以转基因食品目前没有出过什么大问题，还是具有一定安全性的。

小龙崎便开口说：“这样看来转基因食品对人类很有利啊，为什么人们还说它不好呢？”

龙叔叔说：“人们之所以对转基因食品的安全性提出质疑主要是因为以下事件的发生。普庇泰是英国阿伯丁罗特研究所的教授，他在 1998 年的研究中发现，转基因土豆被幼鼠食用后，会损害幼鼠的免疫系统和内脏。美国康乃尔大学教授约翰·罗西的一篇论文被英国的权威科学杂志《自然》于 1999 年刊登，指出吃了撒有某种转基因玉米花粉的菜叶后，蝴蝶幼虫等田间益虫会发育不良，并且有特别高的死亡率。因此转基因食品的安全性仍然需要进一步验证，尽管它看上去对人类似乎是非常有利的。”

不可不知的事

基因食品中大规模生产的作物

转基因食品在不知不觉中走进了我们的生活中。目前，24 种不同的转基因作物应用已被超过 57 个国家先后批准了，但只有 4 种作物是真正大规模生产应用的，依次为大豆、玉米、棉花、油菜。

2 面条里有胶

龙崎的问题

有一天，小龙崎肚子饿了，便去买了一包面条请龙叔叔帮他煮，而龙叔叔将这面条直接拿去点火，发觉这面条居然能够燃烧。这一幕刚好被小龙崎看到，他拍着手掌大声说：“龙叔叔好棒啊！竟然能将面条点着火！”

龙叔叔不禁苦笑一声，说道：“小龙崎，不是龙叔叔厉害，而是这面条本身带着会燃烧的物质，只不过让龙叔叔给验证出来了而已。”

小龙崎又问：“那到底面条为什么会燃烧呢？它里面含有什么物质啊？为什么会有这种物质啊……”

龙叔叔说：“你先找点饼干吃吧，龙叔叔慢慢来跟你说。”

通常我们买的面条不会也不能燃烧，因为它们不含有胶这种物质。但是为了使面条卖得好一些而牟取暴利，现在一些不法商人为了达到增强面条的筋度和弹性的目的，在面条中添加食用胶、复合磷酸盐、柠檬黄、蓬灰等化工产品，或者为达到使面条白亮光洁的目的而加入明矾。

这些添加剂会使面条保持一定的色泽，变得更加好看，人们看到这样的面条都会以为是新鲜的。可是，对于人类的身体而言，这些添加剂的危害性却是极大的。比如含有铝的明矾。铝很容易蓄积在人体大脑、肝肾脾等器官中，老年痴呆、记忆力减退、智力下降等都是它在大脑中沉积引发的症状。”

小龙崎又问道：“这样的话，我们如何辨认哪些面条是添加了添加剂的呢？”

龙叔叔说：“添加了食用胶的面条都能够被燃烧，我们可以将湿面条拿去烧，若燃烧出了火苗，则它加了添加剂。更可怕的是，如果没有人熄灭它，长长的面条是可以全部被烧完的。面条烧完后的灰烬用手捏感觉非常硬，并且发出刺鼻的皮毛烧焦的气味。”

小龙崎又开口：“那这样的话，为什么不禁止在面条里面增加这些有害人体的添加剂啊？”

龙叔叔回答道：“现在国内相关部门监管不到位，没有对这些食品进行完全的限制限量的监管，故而为不安全食品横行于世提供了空间。而对于含有食用胶的面条到底能不能吃或者可以吃多少的问题目前还没有定论，也没有权威的解释。”

不可不知的事

为什么要在食品中添加食用胶

食用胶是如今日常生活中被广泛使用的一种食品添加剂，特别是在一些国家，食用胶更是被应用在几乎所有的食品之中。为什么要在食品中添加食用胶呢？譬如在肉类加工中，添加食用胶有助于增加肉制品的结着性与持水性，通过改变肉制品的物理性质让肉制品拥有更好的口感，另外还能提高肉制品的产量。食用胶一般是从植物或者微生物、海藻、动物类物质中提取而来的。食用胶的种类也很多，如今世界上被允许添加的食用胶种类有60多种，而在我们国家被允许添加的食用胶则只有40种，并且对其添加的剂量也有明确的标准。在我国肉制品生产中最被经常使用的食用胶主要有黄原胶、卡拉胶、明胶、瓜尔豆胶、琼脂海藻酸钠、魔芋胶和刺槐豆胶等。

3 地沟里出来的食用油

有一天，小龙崎在电视上看到有关地沟油的新闻，便很好奇地跑去问龙叔叔：“龙叔叔，什么是地沟油呢？”

龙叔叔听到小龙崎的问题，便放下了手中的工作，准备跟小龙崎好好解释一番。

龙叔叔问道：“小龙崎，你是怎么知道地沟油的啊？”

小龙崎脑袋一摇，开心地说：“我是从电视上看到的，他们在说‘地沟油事件’。”

龙叔叔便说道：“既然你这么好奇，那我便带你去看一下到底什么是地沟油吧。”于是他们便出发了，一路上，龙叔叔跟小龙崎介绍到底什么是地沟油。

地沟里出来的食用油简称“地沟油”。狭义的地沟油是指将下水道中的油腻漂浮物或者酒楼、宾馆的泔水（即剩饭、剩菜）经过简单加工而提炼出的油；也指加工以及提炼劣质猪肉、猪皮、猪内脏后产出的油；更广义点也指重复使用超过一定次数的用于油炸食品的油，或往其中添加一些新油后再进行利用的油。

其实说白了，地沟油就是城市下水道里默默流淌的垃圾。因为城市大型饭店下水道的隔油池正是地沟油的最大来源。这种被称作“地沟油”的三无产品，其主要成分并没有变化，却又比真正的食用油多了许多毒性物质，足可以致病、致癌。它经过淘者加工后升级为餐桌上的“食用油”。大量暗淡浑浊、略呈红色的膏状物从隔油池中捞出，仅仅经过一个晚上的过滤、加热、沉淀、分离，就能摇身一变为清亮的“食用油”，之后被低价销售出去，重新回到人们的餐桌。

龙崎不禁问道：“那么这种地沟油对人类的危害是不是很大啊？”

龙叔叔说：“这些地沟油是极不卫生、质量极差的非食用油。由于含有许多毒素，一旦流向江河，会造成水体营养化；一旦食用，会引起食物中毒，甚至致癌，因为它会破坏白血球和消化道黏膜。‘过菜油’之一的炸货油会产生一些挥发物及醛、酮、内酯等，有刺激性气味的会有致癌物质。黄曲霉素是‘泔水油’中的主要危害物，它的毒性比砒霜还要大 100 倍。”

“既然地沟油这么可怕，为啥还有人要买啊？”小龙崎问道。

龙叔叔说：“采购和使用地沟油是违法行为，但由于这种地沟油有巨额的经济利益，许多不法商人因为一个‘贪’字还是竭尽所能地生产地沟油。”

不可不知的事

地沟油的不散阴魂

有的人长期以倒卖“地沟油”为生，他们把这些地沟油经过化学处理后装入油桶流入餐桌，这已严重威胁到人们的生命健康。如果我们在怀疑与恐惧中吃下一日三餐，那是多么可怕的事情。阴魂不散的地沟油俨然成了一种基因深深植入了人们的身心，我们无法知道它藏在何处，也无从知道如何远离它。不过据专家介绍，地沟油是可以合理回收与利用的，这早被一些国家证实了是可行的。比如，荷兰将地沟油提炼成生物煤油注入了飞机的油箱。相信在不久的将来，我国同样可以建立起地沟油正常的流淌渠道。

4 瘦肉精惹的祸

有一次，小龙崎看到几粒药物，便好奇地拿在手中端详着。龙叔叔看到了，赶紧对小龙崎说:“把药物放下，不要随便乱拿。”小龙崎把药放在桌子上，拉着龙叔叔的衣袖问：“龙叔叔，这些药丸是什么东西啊，有什么作用吗？为什么您那么紧张啊？”

龙叔叔笑了笑说：“其实我也没有很紧张，只是怕你随便乱放或者拿去乱吃了。这种药丸叫作‘瘦肉精’，主要是给动物吃的，不是给人吃的。”小龙崎瞪大眼睛：“原来动物也得吃药的啊！那这些瘦肉精主要是医治什么的啊？龙叔叔您快给我讲讲啊。”

瘦肉精是能够促进动物瘦肉生长并抑制动物肥肉生长的药物。在中国，一般用于家畜饲养。如果使用超过治疗剂量 5 ~ 10 倍的用量，就会产生显著的营养“再分配效应”。这种效应不但能够促进动物体蛋白质沉积，而且可以促进脂肪分解，同时抑制脂肪在动物体内的沉积，从而显著提高猪肉的瘦肉率，增加动物的体重以及提高饲料的转化率。

小龙崎抬起头问龙叔叔："这么说瘦肉精不算是药物，只是一种添加剂了？"

龙叔叔回答道："也不是这样。医学上，一般将瘦肉精称为'盐酸克伦特罗'。它既不是兽药，也不是添加剂，而是一种肾上腺素类神经兴奋剂，属β－兴奋剂类激素，对畜牧业健康发展和畜产品安全来说，是一种危害严重的毒品。盐酸克伦特罗早期仅在医学上使用，医生们用来进行急救和治疗肺科病，比如说平喘。另外，盐酸克伦特罗是非蛋白质激素，非常耐热，生猪食用后会在体内形成残留，尤其是在猪的肝脏等内脏器官中，残留更多，人吃了这样的肉，对身体是非常有害的。比如说，会出现肌肉震颤、头疼、恶心、呕吐、心慌、战栗之类的症状，特别是对一些患病的人而言危害更大，如高血压、心脏病、甲亢和前列腺肥大等疾病患者，严重的可能导致死亡。"

不可不知的事

如何辨别含有瘦肉精的猪肉

首先，要看肥肉的厚度。一般情况下，用瘦肉精喂养的猪肥肉明显较薄，经常不到1厘米；正常的猪，在皮层和瘦肉之间会有一层肥肉，肥肉的厚度一般在1～2厘米之间，如果厚度太薄就要小心了。其次，要看猪肉的颜色。含有瘦肉精的猪肉看上去非常鲜红、光亮。所以，如果瘦肉看上去太红的话，这种猪肉就可能不正常。再次，要看猪肉的坚实度。把猪肉切成二三指宽，如果猪肉软绵绵的，不能立于案上，那就有可能含有瘦肉精。最后，如果肥肉与瘦肉分离明显，并且在瘦肉和脂肪间会流出黄色液体，那基本上就可以断定肉中含有瘦肉精了。

5 有毒的牛奶

“龙叔叔，您知道什么是毒奶粉么？为什么电视新闻上说有好多小孩子喝了有毒的牛奶，然后就生病了，这是怎么一回事呢？为什么牛奶会有毒啊？为什么小孩子喝了就会生病啊？”小龙崎歪着头不停地追问着龙叔叔。

“还有，妈妈跟我说，千万不可以随便买牛奶，现在很多牛奶都是有毒的，这是为什么呢？是不是所有的牛奶都不能喝啦……”小龙崎不解地问龙叔叔。

龙叔叔来揭密

在市面上售卖的一些奶粉，宝宝喝了后会出现各种问题，人们将这种奶粉称为“毒奶粉”。喝了这种奶粉可能会产生严重的后果，对宝宝的身体非常有害。但狭义上，毒奶粉一般指的是含有三聚氰胺的奶粉。

2008年，甘肃省的一些婴幼儿在医院治疗的时候，被查出患有肾结石等病，并且同类患者越来越多。之后，通过调查，人们发现这些患有肾结石等病的婴幼儿有一个共同特点，就是他们都食用了价格在18元左右的三鹿牌奶粉。而且人们逐渐发现，数月来，中国很多省份相继发生类似事件。这种情况引起了中国卫生部的高度重视。调查后发现，三鹿牌婴幼儿配方奶粉中含有三聚氰胺。

小龙崎不禁又问："龙叔叔，三聚氰胺是什么东西呢？它怎么会造成这种危害？"

龙叔叔说："三聚氰胺是一种化工原料，能够提高蛋白质检测值，是不允许添加到食品中的。长期食用含有三聚氰胺的食品，会对人体泌尿系统膀胱和肾产生严重危害，导致结石，严重的可能诱发膀胱癌。婴幼儿的身体发育不完全，喝了含有三聚氰胺的奶粉，更容易受到三聚氰胺的毒害。长期喝这种奶粉的话，在其尿路会形成结石，阻塞泌尿系统，甚至可能导致肾衰。这种由于人体内的尿路阻塞所造成的肾衰，如果能够及时解除阻塞，肾功能可以恢复正常。有些小孩子，由于能够及时送医就诊，就被治愈了；但也有些小孩发现太晚，最终失去了生命。"

不可不知的事

三聚氰胺事件

三聚氰胺事件是一次严重的中国奶制品污染事件，也被称为"2008年中国毒奶制品事件""2008年中国奶粉污染事件""2008年中国毒奶粉事件"。很多的婴幼儿被发现患有肾结石，之后发现是由于食用了三鹿集团生产的奶粉，然后在这种奶粉中检查发现了三聚氰胺。根据报道，到2008年9月21日止，累计有39965人因使用婴幼儿奶粉而接受门诊治疗咨询且已康复，有12892人正在住院，有1579人之前已治愈出院，有4人死亡。另外到2008年9月25日止，在香港和澳门地区分别有5人和1人确诊患病。这次事件引起了世界各国的高度关注和对乳制品安全的担忧。

6 饮料中的塑化剂

一天，小龙崎跟龙叔叔一起散步，走着走着，小龙崎觉得口渴了，便对龙叔叔说：“龙叔叔，我口渴了，咱们去买饮料吧。”龙叔叔笑着说：“口渴了是吧，不过不要喝饮料，咱们去买矿泉水来喝就好。”

“为什么不喝饮料呢？饮料比矿泉水好喝多了！有各种滋味的，矿泉水就一个味道，不好喝！”

龙叔叔说：“你有所不知，现在的饮料都不能喝。”

“为什么不能喝呢？这里面有什么问题吗？龙叔叔您快告诉我吧。”小龙崎一定要龙叔叔说明具体的原因。

现在大多数的饮料中都含有塑化剂，所以不能经常喝饮料。塑化剂是一种添加剂，能够增加材料的柔软性或使材料液化，也被称为“增塑剂”，或者“可塑剂”。塑化剂在工业上被广泛使用。在塑料加工中，添加塑化剂，可以增强它的柔韧性，使它更容易加工，所以塑化剂用于工业用途是合法的。塑胶、混凝土、墙壁材料、水泥与石膏等中都可以加入塑化剂。塑化剂种类有100多种，然而最经常使用的是邻苯二甲酸酯，这是一种化合物。

邻苯二甲酸酯作为一种塑化剂只能用于工业生产中，作为食品添加剂是完全违法的。然而，为了降低成本，一些不法商家考虑到将廉价的塑化剂代替“起云剂”加入到食品中。作为一种正规的食品添加剂，“起云剂”被称作“乳化香精”，在橙汁饮料之类的产品中很常见，它的作用是增加饮料浊度，稳定饮料整体，是一种增稠剂，或者是乳化稳定剂。阿拉伯胶、乳化剂、葵花油、棕榈油是起云剂的主要成分。

而邻苯二甲酸酯类塑化剂被归类为疑似环境荷尔蒙，它的生物毒性主要是雌激素与抗雄激素活性，这种塑化剂会造成人体内分泌失调，危害人体的生殖机能，比如，异常的精子数、睾丸损害、流产、生殖率降低、天生缺陷，更严重的还会引发恶性肿瘤、造成畸形儿。其作用同人工荷尔蒙一样。塑化剂邻苯二甲酸酯对男性生殖能力危害甚大，还会促使女性性早熟，长期大量食用含有塑化剂的食物还会导致肝癌。对幼儿来说，幼儿正处于内分泌系统生殖系统发育期，塑化剂会造成小孩性别错乱，包括生殖器变短小，让男性婴儿生殖器官到肛门之间的距离变短，性别特征不明显。

不可不知的事

白酒塑化剂事件

2012年11月19日，国内一家质量技术服务有限公司查出一家名酒企业所生产的酒中塑化剂的含量超标2.6倍。这家企业对此结果拒不承认，反而认为检测不够权威，甚至怀疑被检测的酒是否出自自己的公司。受此事件影响，2012年11月20日早市，股市中白酒股大跌，之后一路暴跌。

7 鸡肉里的危险因子

小龙崎考了满分，龙叔叔便履行自己的承诺带他去肯德基，兴奋不已的小龙崎点了很多跟鸡有关的东西，上校鸡块、鸡肉汉堡、炸鸡腿……

点好之后小龙崎马上开始他的肯德基大餐，边吃便问：“龙叔叔，为什么我爸妈老是不肯带我来吃肯德基呀？老说这肯德基的鸡肉不健康，究竟它们跟平时吃的鸡肉有啥不一样呢？含有什么特别的东西吗？”

其实，很多新闻都报道过，肯德基、麦当劳这类的餐厅采用的鸡都是速成鸡。速成鸡，顾名思义就是快速养殖一只鸡。正常来说，养殖一只鸡到可以出售起码要3个月，后来美国一家食品公司运用科技手段，把时间缩短到49天。2011年11月底更是爆出只要45天便可以把一只鸡从养殖场送上餐桌。要养殖这样的鸡，方法极其不科学，它们从来没有见过阳光，只吃饲料，在很小的活动空间中生存，并且，为了保证鸡的成活率还要不断地给鸡喂食抗生素和各种药物。更可怕的是，这些鸡从放到饲养场到

出售，养殖场都不会打扫，尘土飞扬的养殖场到处都是粪便羽毛和刚刚死去的鸡的尸体。其实这些鸡虽然已经达到可以出售的重量，但骨骼和内脏却没有发育完全，连走路都只两三步就要趴下休息，稍微多运动便会摔倒。

就是这样的鸡，大部分都流向了以鸡为主食的西快式餐厅。你可以想一下，这类餐厅的客人本就多是小孩子，但速成鸡里的各种激素对尚未发育成熟的小孩子危害很大。看美国的小孩子就可以知道了，他们都比较早发育，甚至还有很多患上了肥胖病。

听到这里，小龙崎便问："龙叔叔，那平时吃的普通的鸡会有激素吗？"

龙叔叔说："小龙崎啊，其实市面上的鸡肉多多少少会有一点激素，不过只要符合国家规定的标准还是没什么问题的，倒是肯德基、麦当劳这里面的鸡肉就要少吃了。"

不可不知的事

激素的危害

即使肉质食品中的激素含量微乎其微，但是人类如果长期食用这样的食品，也难免会受到不好的影响。而且激素作用很强，会明显影响机体的激素平衡，甚至会有致癌的危险，也会使幼儿出现发育异常的情况。另外，抗生素这类药物都有耐药性，而且会交叉耐药，最终只能用更新一代的抗生素。

8 面粉中的增白剂

有一天，小龙崎陪妈妈去市场买面粉，刚好听到一位阿姨问卖面粉的老板面粉中的增白剂有没有过量。小龙崎一到家，便问龙叔叔是不是面粉中都含有增白剂。

“小龙崎怎么突然想知道这个呢？”

“今天陪妈妈买面粉的时候听见有位阿姨这样问老板，还说会过量呢。”

“小龙崎的耳朵可真灵啊！”

“龙叔叔快告诉我，什么是增白剂？面粉中真的有增白剂吗？”

面粉中的增白剂学名叫“稀释过氧化苯甲酰”，是我国20世纪80年代末从国外引进并开始在面粉中普遍使用的增白剂，既可以漂白面粉，又可以加快面粉的后熟。它作用机理是：过氧化苯甲酰在面粉中水和酶的作用下，释放出活性氧来氧化面粉中极少量的有色物质，增白面粉，同时生成苯甲酸，对面粉起防霉作用。

面粉增白剂是目前许多国家普遍使用的一种食品添加剂，当然也是我国面粉加工业普遍使用的品质改良剂。在国家标准中明确将过氧化苯甲酰归为面粉处理剂类，规定其使用范围是小麦粉，最大使用量是 0.06 克 / 千克面粉。

但是现在对过氧化苯甲酰有一定的争议，不过以此就下结论认为面粉存在重大的安全隐患是不科学的。

“既然存在争议，为什么还有人会在面粉中继续加增白剂呢？”小龙崎问道。

龙叔叔说：“这你就不明白了，一般人都喜欢白白的面粉，感觉新鲜干净。为了更好地把面粉卖出去，商家们便用这样的方法将面粉变得更白。很明显，加入了过多增白剂的面粉对人体的健康会有影响。”

“那么，面粉中的增白剂到底有哪些危害呢？”小龙崎又问道。

龙叔叔说：“主要成分是过氧化苯甲酰的增白剂是一种化工产品，能够氧化面粉中的胡萝卜素，使之无法转化为维生素 A；增白剂还会破坏面粉中固有的维生素 A、维生素 B_1、维生素 B_2、维生素 E 等对人体有益的微量元素。另外，含有增白剂的面粉，在制作面制品的时候，过氧化苯甲酰受热易分解成苯酚，不仅具有特殊气味，而且有毒。过氧化苯甲酰分解的苯甲酸、醛类等有毒物质能引起肝、肾功能衰竭，长期食用含添加剂面粉会导致慢性中毒，使肝脏发生病变，甚至诱发肝癌。”

不可不知的事

增白剂的由来

增白剂又称“光学增白剂”“荧光增白剂”，是一种有机化合物，可以让纤维织物和纸张提高白度。以前要让泛黄或者含有色杂质的织物变白，一般只能采用化学漂白的方法，而现在只要添加增白剂就可以实现。那么增白剂是怎样被人们发现的呢？1921年，科学家发现，荧光物质的水溶液可以提高天然纤维的白度，并就此作出荧光染料可以将不可见的紫外光转化为可见荧光的推论。因为科学家们观察到荧光染料吸收的可见光能量低于发出的可见荧光能量。增白剂在人类生活中出现也是因为有人通过实验证明了科学家的推论。

如今，染料界在20世纪后期的三大成就指的就是活性染料、有机颜料DPP和荧光增白剂。

9 醋里面的敌敌畏

这天，小龙崎和龙叔叔到超市买东西，突然看到了醋，便对龙叔叔说：“龙叔叔，我们今天买了卤水，我要顺便买瓶醋，一想起卤水蘸醋就觉得很美味。您今晚也一起来吃吧。”

龙叔叔笑着问：“小龙崎你知道醋是什么吗？知道最近发生了跟醋有关的事件吗？”

“龙叔叔，醋不就是醋嘛，有点酸酸的，很好吃。”小龙崎说着便笑了起来。

“看来你是不知道最近的新闻了。”

“什么新闻啊，龙叔叔？”

“据说有不法商家在醋里加了敌敌畏。”

“敌敌畏不是毒药吗？”小龙崎大为惊讶。

醋是一种常用的调味品，又叫“食醋”“醯”“苦酒”等，是烹饪中常用的一种液体酸味调味料。醋通常含有 3% ~ 5% 的醋酸，有的还有少量的酒石酸、柠檬酸等。从理论上讲，任何含有糖分的液体都可以发酵酿醋。而按食醋的生产方法，可将其分为酿造醋和人工合成醋。酿造醋以粮食、糖、乙醇为原料，通过微生物发酵酿造而成，人工合成醋则以食用醋酸，添加水、酸味剂、调味料，香辛料、食用色素勾兑而成。制造醋的步骤是先进行原料配比，然后粉碎蒸熟，接着拌曲制醋，入坛，最后是成品调味。不过发酵过程中很容易生花长蛆，而且暂时没有解决方法。不法商家为了解决这个问题，便在食醋的酿制过程中加入敌敌百虫和敌敌畏。

小龙崎惊讶地问：“原来是这样！但敌敌畏不是有毒的吗？人吃了会死亡吗？”

龙叔叔说：“敌敌畏是一种广谱性杀虫、杀螨剂，对害虫击倒力强而快。它是一种无色油状液体，有挥发性，用来防治棉蚜等农业害虫，也用来杀死蚊、蝇等。纯品为无色至琥珀色液体，有芳香味。而制剂则是浅黄色至黄棕色油状液体，在水溶液中缓慢分解，遇碱分解加快，对热稳定，对铁有腐蚀性。人和动物接触会中毒。”

“那些不法商人竟然为了赚钱，在醋中用敌敌畏杀蛆，真是太可恶了！”小龙崎气愤地说。

龙叔叔说：“没错，人们一旦误食了敌敌畏，便会出现头晕、头痛、恶心呕吐、腹痛、腹泻、流口水、瞳孔缩小、看东西模糊、大量出汗、呼吸困难等症状，要是严重的话还会感觉全身紧束、胸部压缩，动作不自主，发音不清，瞳孔缩小如针尖大或不等大，抽搐，昏迷、大小便失禁，脉搏和呼吸都减慢，最后均停止。”

“那以后买醋要格外小心一点了！”小龙崎说道。

多看新闻，多了解，避免买到那些有毒的醋。”

不可不知的事

可以用敌敌畏驱蚊子吗

敌敌畏是一种可以杀虫的农药，所以有些人图方便也用它来驱赶夏日里讨厌的蚊子。其实这样做是不可取的。因为敌敌畏是高残留类农药，已经被我国限制生产和使用了。更何况，敌敌畏只能在相对密闭的空间里杀死蚊子，而且敌敌畏属于诱杀性农药，过一阵子只会使蚊子越来越多。因此，敌敌畏达不到驱蚊子的效果，而且为了我们的健康，平时也不该用敌敌畏去驱赶蚊子。

10 吃方便面要三思

一天，小龙崎在旅馆里睡醒了，肚子饿得咕咕叫，但龙叔叔外出收集资料还没有回来。小龙崎便只能在房间里找吃的。正当小龙崎苦恼的时候，架子上一个红红的事物映入眼帘，小龙崎兴奋得跳了起来，原来是旅馆里备放的方便面，还是他最喜欢的红烧牛肉味。

不过几分钟，热腾腾的方便面就泡好了，早就饥肠辘辘的小龙崎马上狼吞虎咽地吃起来。这时候，门开了，手上提着一袋包子的龙叔叔看到正忙着“招呼”方便面的小龙崎，脸露担忧之色：“小龙崎，你怎么吃方便面了呢？方便面可不能乱吃啊。”嘴里塞满面条的小龙崎含糊地应着：“龙叔叔，方便面才好吃呢，我都想天天吃，会有什么问题啊？”龙叔叔正色道：“你先听我说，我来告诉你为什么吃方便面要三思。”

为了让面条形状固定（一般长方形或圆形），通过对切丝出来的面条进行蒸煮、油炸而成的即食面就是方便面。尽管“非油炸”是现在很多方便面的主打口号，但是它们多多少少都含有食用油，因此，方便面之中的油脂经过长时间的放置，就会被空气氧化分解，导致变质，并且生成有毒的醛类过氧化物。头晕、头痛、发热、呕吐、腹泻等中毒现象都是吃了这种油已变质的方便面所带来的严重后果。通常方便面会过了保质期而你发觉不了，但是误食之后就会给你的身体带来大麻烦。另外，一旦包装破裂、封闭不严、存放时间过长，方便面也有可能被细菌、毒物污染，导致另一种变质。因此，我们不可以忽视方便面的卫生。

如果长期用方便面来替代主食，即使是新鲜的方便面，也会导致营养不良。现在有很多品种的方便面，但是碳水化合物始终是方便面的主要成分，只有少量味精、盐分等调味品包含在汤料中，即使是各种名目的鸡汁、牛肉汁、虾汁等方便面，肉汁成分的含量都是非常少的，远远不能满足我们每天所需要的营养量。

此外，方便面有一定的害处。长期食用会导致骨折、牙齿脱落和骨骼变形。因为方便面的调味包里面有大量可以改善方便面味道的磷酸盐。人体一旦食用过多的磷，体内的钙就无法充分被利用，容易引起上述症状。

小龙崎听着，眼睛越睁越大，原本夹着方便面的筷子也慢慢放下了：“原来方便面还有这么多的健康隐患呢，这么说方便面是害人的食物了？”

龙叔叔说：“虽然多吃方便面存在不少的安全隐患，不利于人体的营养和健康，但在应急防饥方面，方便面也是有一定作用的。只要注意挑选方便面，并且食用适当，不要长期食用就好。

不可不知的事

方便面的由来

日本人的传统食品之一就是面条。尽管日本人一直把时间看得十分宝贵重要，但就算是在上班时间，日本人也甘愿在饭馆面前排长队，只为了可以吃到一碗热腾腾的面。安藤百福是一家公司的经理，他注意到了这个现象，于是他开始思考如何可以让面条变得更加简便，以减少人们为此花费的时间。于是他开始尝试制作方便面。可是第一次试验失败了：他用咸肉汤和面，导致面条变成了面疙瘩。后来，他和面时又加了一些鸡蛋，但是还是失败了。后来他想，即使自己成功了，还是要在开水中煮面，这样的面不是方便面。于是他将几斤生面条，放入油锅里炸，炸完浇了开水后，发现面条又变软了。1995年，安藤百福用小纸包把自己认真选的调料包起来，于是第一批方便面就面世了。而现在的方便面就是他后来把炸过的面条和调料包用塑料袋放在一起的结果。

11 食品包装中隐藏的危险

近来在接连出现几宗食品安全事故之后，食品安全问题再次被推到了舆论的风口浪尖。看着报纸上的报道，小龙崎皱着眉头叹气道：“现在什么食品都有问题，牛奶、白酒、猪肉……连蔬菜都有问题。”一旁看报告的龙叔叔听后长长叹了口气：“何止是食品安全有问题，食品包装中也存在很多隐藏的危险。”小龙崎不禁疑惑：“龙叔叔，我们吃的是食物，又不是包装，包装里面会有什么问题啊？”龙叔叔扶了扶眼镜，笑着说：“这你就不知道了吧，食品包装对于食品安全有极其重要的意义，让我慢慢给你道来。”

食品包装与食品直接接触，它在原料、辅料、工艺等方面的安全性对食品质量继而对人体健康会产生直接影响。2005 年以来，关于食品包装容器、包装材料含有有毒有害物质的报道层出不穷。我们应该对食品包装的安全性给予足够重视，有毒的、包装对消费者构成了潜在的威胁，长期食用这种包装中的食物可能导致如胆结石，重金属、苯中毒等疾病。

导致食品包装有毒的因素主要有两个。一个是塑料透明剂的随意使用。我国对于透明剂在食品包装的应用尚无严格的规定，这不仅给质量监管带来困难，而且还给消费者的健康埋下隐患。事实上，仅有部分在售的透明剂可用于食品包装材料的加工生产。二是带有油墨的纸杯、纸碗等常用生活餐饮器具的使用。按照规定，食品包装的印刷应该使用环保油墨，但实际上由于技术问题大量企业使用苯类油墨印刷纸质食品包装。

平时经常使用的一次性塑料快餐盒危害性非常大。许多不法厂家为了降低成本，在产品中大量添加禁止用于食品包装生产的添加剂，如工业级的碳酸钙、滑石粉、石蜡等等。有些黑心企业甚至将主要原料和添加剂的比例对调，从而使得工业碳酸钙、石蜡等添加剂的比例超过50%乃至高达80%。按照国家标准，对这种高填充的快餐盒进行蒸发残渣检测，发现其超标程度严重到超过国家标准上百倍。当食品温度较高或使用微波炉加热时，这种有毒的快餐盒的有害物质就会溶解在食物中。长期摄入这类“中毒”的食品会导致消化不良、肝系统病变、胆结石等疾病。

小龙崎听着，咋舌道：“原来食品包装还有这么多隐患。看来以后，不但选食物要谨慎，而且选包装也要小心。”

龙叔叔说：“所以啊，以后吃东西都要好好挑选。”

不可不知的事

区分食品包装有学问

区分食品包装首先要看包装是否全面和正常，再闻是否有异味，然后用手摸或捏来判断包装是否有足够的强度和光滑。燃烧时的火焰也能判断某些包装是好是坏，烟气浓厚而且刺鼻的不好。比较安全的PE保鲜膜燃烧时不冒黑烟、滴油、无刺鼻味道、火焰像蜡烛燃烧一样发黄，而有毒的PVC保鲜膜燃烧时冒黑烟、不滴油、有刺鼻味道、火焰偏绿。

12 不要迷信“无糖”食品

近段时间小龙崎无精打采的，龙叔叔发现后笑着问：“小龙崎最近怎么愁眉苦脸的啊？”小龙崎手捂着左边脸说：“龙叔叔，我牙疼。”“呵呵，你的蛀牙又犯了，那你最近怎么还吃那么多的蛋糕，喝那么多的汽水呀？”小龙崎不禁委屈起来：“可那些蛋糕汽水的包装上明明都写着‘无糖’的，怎么会越吃蛀牙越严重？”龙叔叔听后哭笑不得：“傻孩子，不要迷信‘无糖’食品，来，龙叔叔给你好好讲解一下。”

国际上对无糖食品的定义是，无糖食品中不能加入包括葡萄糖、麦芽糖、果糖、淀粉糖浆、葡萄糖浆、果葡糖浆等来自蔗糖或淀粉水解物的糖，但必须含有如糖醇或低聚糖等不使血糖升高的相当于糖的替代物，也就是甜味剂。但是，甜味剂的甜度可以达到几千到几万，是甜度为100的蔗糖的n倍，因此非常少量的甜味剂就能使食品达到要求的甜味。这样就需要填充物来凑体积。淀粉或糊精这样的淀粉水解物经常被拿来用作填充，这些物质不仅像蔗糖一样容易使血糖快速升高，而且还容易令人发胖，这对于糖尿病人和减肥者都是大麻烦。

无糖食品虽然没有加入糖，但对人体而言，并不是只有好处没有坏处。相反，它对人体也有一定的危害。既不升高血糖也不变成热量的高效甜味剂，看起来十分健康，但它本身没有营养价值，同时会刺激食欲、促进肥胖。甜味剂还可能对一部分人带来额外的麻烦：据国外报道，不仅是苯丙酮尿症患者，而且部分健康消费者也对阿斯巴甜敏感；有一些消费者使用含三氯蔗糖的食品后会出现头痛、思维模糊等不良反应；许多人看好的糖醇，大部分种类在过量摄入的情况下可能会引起腹泻，少量的摄入虽然腹泻效应小，经尿排泄时也会使肾脏产生负担。

总的来说，我国许多所谓的无糖食品，只不过是在和消费者在玩文字游戏，就是没有添加白砂糖而已。这种名不符实的“无糖”食品既不能说对血糖控制有利，也不能说有利于减肥。更有甚者，如果忽视了产品标签中的配料表，后果十分严重……

小龙崎听后，摸着自己牙疼的一边脸，委屈地说道：“龙叔叔，怪不得我的蛀牙越来越严重了。”

看着小龙崎可怜兮兮的样子，龙叔叔又是心疼又是好笑：“下次看你还敢不敢嘴馋，以后一定要谨慎选购无糖食品。”

不可不知的事

糖精的发现

1879年，俄国化学家法利德别尔格生日当天，他顺利地做完芳香族磺酸化合物的合成实验后，回家与妻子娜塔莎一起吃晚餐。

法利德别尔格吃牛排的时候发现牛排带有甜味。可是问妻子是否在当中加了糖时，妻子却说没有。同时，妻子也感觉到没有加糖的色拉也带有甜味。这引起了科学家法利德别尔格的敏感，他决定找出原因。基于科学家的天性，他很快发现问题出在他从实验室带来的铅笔上。于是他又开始了新一轮的探索。法利德别尔格回到实验室仔细检查各种器皿，结果发现是一种从煤焦油中提取出来的化学物质——邻磺酰苯酰亚胺钠引起了晚餐的甜味。此后，他开始全心全意研究这种物质。这种物质就是比蔗糖要甜500倍的“糖精”——从煤焦油中提炼出甲苯，经过硫酸磺化、五氯化磷和氨处理和高锰酸钾氧化后脱水、结晶而形成的一种白色晶体。

13 吃速冻食品要悠着点

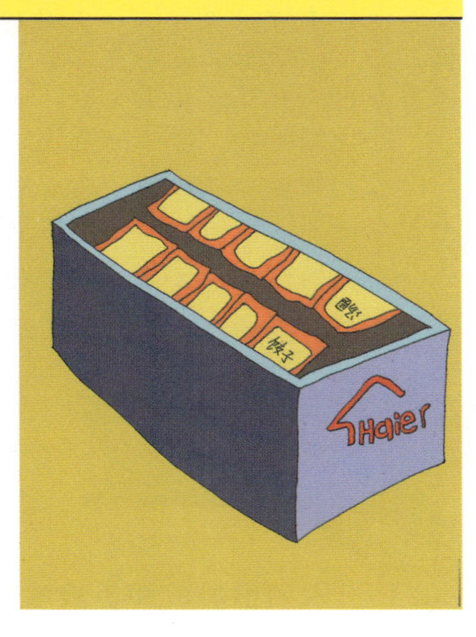

出门在外，虽然有龙叔叔的陪伴，但小龙崎毕竟还小，难免想念家乡。这天吃午饭的时候，小龙崎看着桌上的饭菜，嘟着嘴跟龙叔叔撒娇说：“龙叔叔，我想吃家里的饺子和汤圆。”这可把上知天文下知地理的龙叔叔给难住了：“小崎啊，这里没有卖饺子和汤圆的饭店啊。”这时鬼灵精的小龙崎突然想到：“龙叔叔，我知道哪里有饺子、汤圆啦。我们可以去超市买速冻的饺子、汤圆。”龙叔叔哭笑不得：“小崎，速冻食品可不能随便吃啊。”小崎满脸不解：“速冻食品会有什么问题啊，我们平时吃剩的饭菜不是都可以放冰箱吗，怎么就没有问题？”龙叔叔扶了扶眼镜，又开始讲解。

通过各种方式，将经过适当的前处理后的食品急速冻结，并且包装后储存于连贯低温条件下（−18℃ ~ −20℃）后送往消费地点的低温产品就是速冻食品。虽然速冻食物有助于食品的储存，提高了食品方便性，但也存在很多安全隐患。

一是菌落总数超标。2011 年 11 月 24 日卫生部公布食品安全国家标准《速冻面米制品》，其中规定只允许金葡菌在速冻食品中限量存在。金葡菌即是金黄色葡萄球菌，能够引起局部化脓感染，也可引起心包炎、肺炎、伪膜性肠炎等，甚至脓毒症、败血症等全身感染，是人类化脓感染中最常见的病原菌。

二是通常情况下，家庭普通冰箱的冷冻室很难达到 −18℃——速冻食品最理想的保存温度；如果有太多东西，这个温度就更难达到。除此之外，营养素的流失随着存放时间的加长而越发严重。更重要一点的是，食物中的脂肪会在速冻后缓慢氧化，维生素也会缓慢分解消失。所以，新鲜的鱼、肉等的营养价值总是远远超过速冻食品。

三是速冻食品会提前过期。速冻饺子不仅口味不新鲜，而且还会提前变质。比如，在 -18℃下可以保存三个月的速冻食品，在 -8℃的条件下就未必能够保存三个月。如果出厂后 -18℃的环境一直不变，那么在保质期之内都可以放心食用；但如果环境改变，在保质期内就有可能发生变质。

小龙崎听着，嘟了嘟嘴道：“原来连速冻食品还有这么多安全问题要注意呀。”

龙叔叔说：“当然，食品安全是关乎身体健康的问题啊，需要多注意，那你现在还想不想吃速冻饺子啊？”小龙崎笑嘻嘻地说道：“我还是吃热腾腾的午饭好了。”

不可不知的事

速冻食品的由来

人们很早就知道极端的寒冷能够防止食用肉类“变坏”，于是很多富有的地主们在自己的庄园里设置了冰窖以保存食品。17 世纪，弗兰西斯·培根——英国作家和哲学家为了冷冻一只鸡，尝试着把雪塞进这只鸡里面，没想到鸡因为受寒而病倒了。之所以试验失败，是因为他没有抓住冷冻的关键——冷冻速度而不是冷冻程度。美国发明家克拉伦斯·伯兹埃伊是最先认识到这一点的人。他与培根不同的地方在于，伯兹埃伊生活在冷冻机时代。在 1923 年他就开始尝试用冷冻机做速冻食品。经过无数次试验，他发现将肉紧压在两个金属板之间是冷冻食品的最快途径，这就是速冻食品的由来。从此以后，以高效率的双板冷冻工序制造出来的速冻食品变成一宗大生意。

14 染色后的“美丽”蛋糕

小龙崎和龙叔叔逛完街边散步边回旅馆。一路上琳琅满目的新奇商品吸引住了小龙崎的目光。小龙崎似乎发现了特别新奇的食物，在一家蛋糕店前停下了脚步。龙叔叔上前一看，原来这家店推出了许多卖相可人、色彩艳丽的蛋糕。小龙崎的目光盯在这些蛋糕上不会动了。龙叔叔问了句：“小龙崎，怎么，又想吃蛋糕啦？”小龙崎回过头眼巴巴地看着龙叔叔，答道：“就让我再吃一块吧，龙叔叔。”龙叔叔坚决地摇了摇头，没答应。反而语重心长地对小龙崎说：“小龙崎啊，听龙叔叔的话，这些东西可不好，这些蛋糕很明显是色素添加太多的产物啊，你没注意新闻报道吗？前不久新闻才报道了一个染色蛋糕事件呢！你可别被这艳丽的外表吸引住了，这可是有害身体健康的。”小龙崎听完，心里又惊又怕，赶紧向龙叔叔了解这件事。

食用色素是一种色素，它可以被人体适量食用并接受，而且一定程度上可以使食物改变原有的颜色。这类食品添加剂合理使用可以使食品口味变得更好，增加人的食欲。但是过度使用就会酿成食品安全事故，之前媒体曝光的合肥染色蛋糕事件就是个典型例子。

食用色素分为人工和天然两种。人工合成的食用色素一般都色泽鲜艳，容易着色，而且稳定性高，无臭无味，容易溶解拼色，成本低，经常被用于糖果糕点类的上色。而天然色素虽然可以广泛用于多种食品，但是着色和稳定性都不如人工合成的，加之成本高，比较少用。随着人们生活水平的逐渐提高，很多人对食品中合成色素的使用会不会对人体健康造成影响产生了疑问。经过大量的调查研究得出的结果显示，几乎所有的合成色素是不能给人体提供营养的，一些合成色素甚至会危害人体健康。我给你说说一个实例吧。

20世纪60年代，前苏联曾经对其中一种色素进行过试验，最终发现苋菜红这类色素，致癌率高达22%。当然不仅仅是苋菜红，其他合成色素也对人体有害，有的可能导致生育能力下降、畸胎等等。更可怕的是，有些色素会在人体内转换成致癌物。研究人员说，合成色素的原料是煤焦油，对人体害处多，容易导致腹泻、基因突变、癌变等，不可过多食用。

小龙崎听完后惊讶地吐了吐舌头，沮丧道："这么漂亮的蛋糕还是毒药啊！诱人的毒药。"

龙叔叔也很无奈："总有一些无良商家为了利润而不顾他人身体健康，以后多注意就是了，你也得学点鉴别知识呢。"

不可不知的事

辨别色素的方法

辨别色素一是可以通过其标签中的成分表，仔细查看它是否含有合成色素。二是尽量选择知名品牌，安全绿色的食物。三是选择食物要多样化，不能单一，这些才能保证营养均衡，也有利于食品安全。

15 猪肉真的能“变”成牛肉

小龙崎跟龙叔叔继续他们的旅途。一天，他们路过一条热闹的大街，看到前面人声鼎沸。喜欢凑热闹的小龙崎自然不会放过。跑近一看，却是个卖牛肉的摊档。牛肉老板使劲吆喝着：“牛肉牛肉，最便宜的牛肉，看一看，瞧一瞧咯……”小龙崎挤进去仔细瞧了瞧，回头对龙叔叔说道：“这牛肉好新鲜好便宜啊，龙叔叔。”龙叔叔拉着小龙崎走出来小声地对他说：“这东西可能是猪肉做出来的，可不能乱买！”小龙崎很是不解，怎么可能呢？龙叔叔看穿了小龙崎的想法，简单地说了句：“这很可能是用牛肉膏做出来的牛肉，不是真的牛肉。”

用牛肉膏制作在肉类制作里也不是什么秘密了。有业内人士透露，在冷冻食品以及烧烤类食品中，这种肉膏早就成为造假手法了。一般来说，一瓶一斤装的牛肉膏可让50斤猪肉全变成牛肉。以猪肉为例，目前市场上，新鲜猪肉大概在每斤13元左右，而牛肉每斤35元左右，羊肉每斤要30元左右。一次腌制50斤猪肉冒充卤牛肉，就可省下近千元的成本。

牛肉膏里究竟藏了什么秘方呢？在牛肉膏罐身上，我们看到的主要成分是新鲜肉类、各种氨基酸、I＋G、味精、水解蛋白等，使用范围包括方便面调料、肉制品、休闲食品、米线调料、调味品及鸡精等。值得注意的是，其在建议用量上提到‘速冻食品亦可根据当地口味习惯增减，用量不限’。而孜然羊肉香精粉也在瓶上注明可用于方便面、粉丝、米线、汤料、膨化休闲食品、肉制品、调味鸡等，并且可根据当地口味习惯增减用量。质监局专家说，这些添加剂都是国家允许的食品添加剂品种，但有限量使用要求。如I＋G的用量为2%～5%，水解蛋白每日限量为50～100克。但是调查发现，这些具体含量在牛肉膏罐身上没有体现，上面却强调可根据当地口味，用量不限，这就会导致添加剂过量使用。专家指出，食品添加剂在安全剂量内食用，并无危害，但超量和长期食用，则对人体有危害这甚至可能致癌。

小龙崎听完很气愤，当即要找那老板。龙叔叔急忙拉住他，笑着说：“你个小家伙可别乱来，你知道怎么揭穿他吗？怎么辨别吗？”小龙崎当时就泄气了，低着头说：“我没想那么多。”龙叔叔笑着道：“没关系，龙叔叔教你辨别真假牛肉。”

不可不知的事

鉴别真假牛肉

市场上销售的牛肉，我们有很多方法可以辨别其真假。首先在色泽、气味、弹性等方面进行初步判断。牛肉脂肪呈白色或乳黄色，脂肪明显比猪肉少，在气味上，猪肉有种特别的甜味，牛羊肉则比较腥。其次是纤维长度，牛肉的纤维长度较长，结构紧凑；猪肉纤维较短，肉质疏松。最后是食用，牛肉一般肉老，嚼劲大，猪肉肉鲜而嫩。

16 永久保鲜的小银鱼

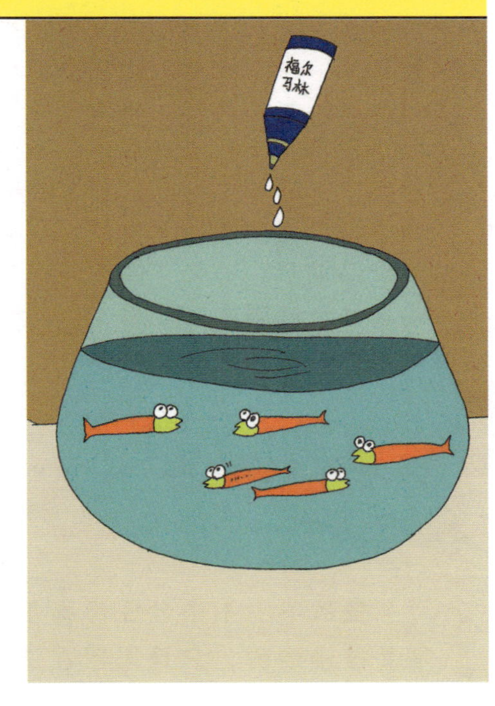

小龙崎和龙叔叔的探险还在继续中。像往常一样，小龙崎一个人在街上逛着，街上大屏幕报道最近出现了福尔马林浸泡小银鱼的事件，提醒广大消费者引起重视。

这些消息使小龙崎十分好奇，不过他不知道什么叫福尔马林浸泡小银鱼，于是回到旅馆后，缠着龙叔叔问个不停。

“龙叔叔，福尔马林浸泡的小银鱼和咱们平时吃的小银鱼有什么不同吗？吃了会怎么样呢？是不是会生病啊？”

龙叔叔摸了摸小龙崎的头发：“小龙崎，既然你对福尔马林浸泡的小银鱼这么感兴趣，我就给你讲讲吧。”

福尔马林浸泡过的小银鱼和普通小银鱼的区别可不是一般的大哦。吃多了被福尔马林浸泡的小银鱼的后果很严重，会导致很多后遗症。所以，被福尔马林浸泡的小银鱼才会被没收、销毁。

从外观上看，经过福尔马林浸泡的小银鱼看上去都很新鲜，打眼一看和普通的小银鱼并没有区别。可是拿起来一闻，却不怎么能

感觉到小银鱼特有的鱼腥味。正常小银鱼的存放时间比较短，而受过浸泡的小银鱼却永久保鲜，煮不烂放不坏，常温下放置两天后新鲜如常而且弹性比皮筋还好。

现在市面上的很多小银鱼都是黑作坊非法使用福尔马林浸泡过的。他们低价收购一些不新鲜的银鱼，就算颜色都发黄了也照收。这些小银鱼先是被冰冻起来，然后，使用福尔马林和工业烧碱来浸泡。小银鱼经过浸泡后，不仅个个鲜亮，弹性十足，原本的黄色也消失了，而且不容易腐烂。不法分子“化腐朽为神奇”，从中获取暴利。然而，食用这种小银鱼的后果很严重，会造成消化道灼伤乃至穿孔，甚至可能导致休克。而福尔马林挥发出来的甲醛，如果长期接触，会导致植物神经紊乱，生殖能力缺失，甚至是白血病。

福尔马林是甲醛的水溶液，现在许多海产品加工利用其能够防腐、消毒和漂白的功效来防止产品腐烂，并使产品色泽保持鲜亮，一般用在医学上用于保存器官、尸体。人体接触福尔马林，轻则皮肤过敏、眼睛刺痛，重则致癌乃至致命，长期接触则可能会引起细胞变性从而导致生物致畸。

不可不知的事

买小银鱼看四点

虽然不少不法分子用福尔马林浸泡小银鱼，但这并不表示所有的小银鱼都是受过浸泡的，只是居民在选购时要格外注意。据质检部门有关人士介绍，四种办法可对小银鱼进行辨别：一看，二闻，三摸，四尝。首先看，新鲜的或化冻后的小银鱼自然弯曲、体表乳白，而福尔马林浸泡过的小银鱼体表光亮异常、体格膨大、身板挺直。其次闻，福尔马林泡过的小银鱼会有一股刺激性异味而掩盖住小银鱼固有的气味。再次摸，手指挤压正常小银鱼时，柔软的鱼肉易破碎；小银鱼受浸泡后身体变硬，轻轻挤压时有弹性，稍加用力鱼体易断裂。最后尝，浸泡过的小银鱼煮熟后比正常的有“嚼头”，嚼起来如萝卜般干脆。

17 生姜也“美容”

小龙崎和龙叔叔在探险途中遭遇到了一连几天忽冷忽热、复杂多变的天气，龙叔叔想，古有“生姜治百病”们之说，不如煮点姜茶来驱寒祛湿，抵御伤寒。于是龙叔叔带着小龙崎来到市场上买生姜。

“龙叔叔，为什么咱们不买这种鲜黄鲜黄的，看起来新鲜、漂亮的生姜呢？”小龙崎指着一堆鲜黄干净的生姜问道。

龙叔叔看了看这些生姜，不禁皱眉：“小龙崎呀，这些看起来很漂亮的姜很可能是用硫磺熏制‘美容’过的哦。不如我们买些颜色暗黄，再买些看起来很漂亮的回去做个试验吧。”

现在我们就把这种颜色暗黄一些、不怎么好看的生姜变成人们说的那种“新鲜”姜。

先将硫磺放入盛满水的纸杯中稀释，接着把颜色暗黄的生姜放入杯中浸泡。数小时过后，浸泡过的生姜的颜色变得黄亮无比，取出来的生姜表面嫩黄鲜亮，用手搓一搓表皮，表皮很容易就脱落了。

生姜变得鲜黄鲜黄的，好漂亮啊！

这种生姜当然不能买来吃。那些奸商之所以用硫磺熏制生姜来卖，就是看准了人们买食物时喜欢买那些看起来表皮新鲜、颜色鲜艳的这种心理。事实上呀，它不仅“华而不实”，而且，食用之后会对人的身体健康造成很大的危害。

硫磺是一种黄色固体或粉末，有明显气味，会挥发。作为易燃固体，它主要用于制造染料、农药、火柴、火药等。医学专家称，硫磺熏制食品会发生一系列化学反应，容易对人的肠胃造成一定的刺激，若经常食用这类食品，将会大大危害人体健康。如果食用的是被工业硫磺熏过的食品，更会对人的神经系统造成损害，轻者出现头昏、眼花、全身乏力等症状，严重则可能导致眼结膜炎、皮肤湿疹等，严重的甚至会影响人的肝肾功能。

更有甚者，现在市面上有一些不良商家将原本腐烂的生姜进行再加工，这些腐烂的生姜本身就会含有毒素，严重时将直接引发肝癌、食道癌等疾病。我们一定要学会如何辨识市场上卖的生姜是否被硫磺熏制过，知道吗？

不可不知的事

辨识生姜是否被熏制的三个小方法

辨识生姜是否被熏制主要靠一闻，检查姜的表面有没有异味或硫磺味，熏制过的生姜硫磺味道极浓；二尝，姜味不浓或味道改变的要慎买，因为熏制过的生姜“出土“日期一般比较久远，其水分和姜味散失严重；三看，正常的姜较干，颜色发暗，“硫磺姜”较为水嫩，呈浅黄色，用手搓一下，姜皮很容易剥落。

18 维生素多多益善吗

小龙崎和龙叔叔这天休整，暂停了他们的探险。小龙崎坐在电视机前看他喜爱的电视节目，可是时不时的维生素ABCDEF广告实在太恼人了。这时龙叔叔正好走过，于是小龙崎问道：“叔叔，电视上卖的维生素效果真的这么好么？”

“维生素对人确实很重要，不过可不是‘多多益善’哦！”

“为什么说它很重要，又不是越多越好呢？”小龙崎非常好奇。

为维持正常的生理功能，人和动物必须从食物中获得微量有机物质，它就是在人体生长、代谢、发育过程中发挥着重要的作用的维生素。维生素有两种类型，分别是水溶性维生素和脂溶性维生素。

在水中溶解的维生素就是水溶性维生素。它易溶于水，但是不易溶于非极性有机溶剂，吸收后体内储存很少，多从尿中排出。复合维生素B、维生素C和维生素P都属于水溶性维生素。

脂溶性维生素与水溶性维生素则相反。脱溶性维生素指溶于有机溶剂而不溶于水的一类维生素。它易溶于非极性有机溶剂，但是不易溶于水，可以和脂肪一样被人体吸收并在体内储积，排泄率不高。包括维生素A、维生素D、维生素E及维生素K。

“龙叔叔，您为什么要跟我说这些维生素的分类呢？这和维生素的用量有什么关系吗？”

龙叔叔说：“别着急，讲清楚维生素到底是什么，对于解释为什么不能过量服用维生素有很大作用呢。

根据上述两种维生素的特点，我们可以知道，摄入过量脂溶性维生素，是有中毒危险的，因为它们会积存在身体尤其是肝脏中。而水溶性维生素相对安全，因为它会通过肾脏排泄，并且体内超量的维生素会发生其他生物化学反应。所以，从食物中正常摄取的维生素一般不会产生过量问题，而你食用过多维生素药品则有可能导致危险。例如，维生素 A 过量会导致急性中毒，B 族维生素之一的叶酸过量会引起口苦、睡眠规律反常和焦虑不安等，儿童服用维生素 D 过量会导致口渴、嗜睡、多尿、恶心、呕吐、头痛、厌食、脱水、高热及昏迷等症状。就连我们非常熟悉的维生素 C，一旦使用过量，后果也不堪设想。”

不可不知的事

维生素C不可以多补多用

维生素C是一种水溶性维生素，又叫“L-抗坏血酸”，是挪威化学家霍尔斯特于1907年在柠檬汁中发现的。维生素具有酸性，而且能够治疗坏血病。可是，国内外研究都表明，随着维生素C用量的日趋增大不良反应会愈来愈多。长期大量服用维生素C会产生腹泻、结石、胃出血、痛风等症状，儿童多补多用维生素C还会导致骨科病。

19 吃珍珠奶茶=吃塑料

炎热的夏天，小龙崎从街上带了两杯珍珠奶茶回来，顺便准备了一杯加大的珍珠奶茶给龙叔叔尝尝。龙叔叔看到小龙崎带回来的奶茶，严肃地告诉小龙崎以后可千万别喝珍珠奶茶了。

“龙叔叔，为什么不让我喝珍珠奶茶啊？这个珍珠奶茶可是很流行、很好喝呢。”

龙叔叔摸了摸小龙崎的头：“小龙崎，珍珠奶茶虽然流行，但是它的成分都是些奶精、糖精、甜蜜素之类的化学物质，这类东西都会对人产生不好的影响。我给你好好讲讲珍珠奶茶里的‘奥妙’吧。”

珍珠奶茶之所以有这样的名字，其中的原因正是在于这些黑色的小“珍珠”。这些黑色的小珍珠嚼劲十足，很多人都喜欢。它们是用木薯淀粉制成的，一般被称为“珍珠粉圆”。但是要有奶茶里的“珍珠”那样的嚼劲，光靠正常制成的珍珠粉圆实际上很难达到。所以，一些商家就会往里面添加小麦蛋白，甚至加进人工合成的高分子材料。别看人工合成高分子材料这名字看起来没什么，实际上，这些加入到珍珠粉圆里面的高分子材料也就是我们通常所称的塑料，这些成分一旦进入人体，根本无法被吸收，因此，吃奶茶里的“珍珠”跟吃塑料就没啥区别了。

很多东西看上去很好看，但是实际上却非常有害。如果不是真知道珍珠奶茶里的“珍珠”里面含有危害人体的塑料成分，大多数人还是会很喜欢喝它的。一般的“珍珠奶茶”成本都非常低廉，只需几毛钱，而往往卖出去都是好几块钱，利润是成本的好几倍甚至十倍。另外，市面上的奶茶大多不是真正的奶茶。比如，鲜奶是奶茶的重要成分，但在市面上很少有商家会采用鲜奶来制作珍珠奶茶，他们往往采用奶精。这种东西香浓可口，喝起来很有味道，但是对人体的危害是非常大的。更要注意的是，一些商家不仅把奶茶造得很香浓，而且还会在其中加入甜蜜素进一步给奶茶加上甜味。甜蜜素是一种化学物质，被禁止添加在食品中。

小龙崎听完，惊讶地说：“这也太不可思议了！没想到奶茶里面竟然含有这么多的化学物质！”

不可不知的事

食品添加剂的由来

食品添加剂在中国应用的历史非常久远了。早在东汉时期，人们就利用盐卤作为凝固剂制造豆腐。南宋时，书籍上记载了油条的配方为一矾二碱三盐。此后，油条成为物美价廉的食品，深受老百姓欢迎。800年前，人们开始使用亚硝酸盐来生产腊肉。500多年前，中国古代著名的农学家贾思勰在其著作《齐民要术》中记载了用天然色素制作食品的方法。从世界范围看，公元前1500年，古埃及人就使用食用色素给糖果上色。公元前4世纪时，人工着色的葡萄酒就已经很盛行了。工业革命以后，随着科学技术的发展，人工合成的食品添加剂逐渐替换了天然材料。其中苯胺紫是人们最早使用的人工合成的食品添加剂，是由英国人珀金斯在1856年从煤焦油中制取的染料色素。

二、使用要当心
的日用品

1 小心使用清洁粉

今天是世界清洁日，小龙崎和龙叔叔准备大搞清洁。小龙崎向龙叔叔提议说："龙叔叔，我们上超市买些清洁用品吧，清洁粉听说挺好用的。"龙叔叔摇了摇头说道："清洁粉虽然很容易清洁干净污渍脏污，但是它是有毒用品，小龙崎，还是靠自己来清洁吧！待会我再仔细跟你讲讲清洁粉。"

清洁粉这类清洁玻璃的粉末，有特殊的氨气味，这种气味容易刺激、腐蚀人体皮肤，导致眼睛和肺的不适，长期接触还会导致肝脏损伤。这些清洁粉对小孩子的伤害更大，一般情况下应尽量避免使用这些物质，保护好自身身体健康。

研究结果表明，清洁粉主要通过界面活性剂来达到去污的效果。如果人体一次性服用了100克的界面活性剂就会危及生命。长期食用残留在餐具、食物上的清洁剂，也会造成肝脏损伤。你发现没有，长期使用清洁用品的人会感觉手有干裂和发紧的现象，这就是界面活性剂吸收了皮肤的油脂的反应了。那些去污效果越强的清洁用品伤害性越大，可千万小心。

小龙崎听完，疑惑地问道：“那在清洁中将清洁粉和消毒剂、洗涤剂合到一起用不就行了吗？既可以洗干净，毒性也变小啦。”

龙叔叔还是摇头了，说道：“这个方法可行不通。生活中，常常有人为了既提高去污的效果又降低清洁用品的毒性，就把洗涤剂、消毒剂等混在一起使用，可是这样反而更伤身体。健康专家告诉我们：清洁粉不能与消毒剂、漂白粉一起用。如果把这些混合使用了，必定会产生有毒氨气，这些毒气会危害人的眼、鼻、咽喉等，更严重的还会烧伤肺部。报纸曾经报道过，一位健康的主妇在清洁时突然晕倒窒息身亡，最后检验的结果是氯气中毒，凶手就是清洁中使用的洗涤剂、洁厕剂。对于这种悲剧，我们真的很遗憾。所以我们更要学好知识，认真了解生活，千万别重蹈覆辙，要健康生活。”

小龙崎挠了挠头，纠结道：“这也不能用，那也不能用，那干脆，就用洗衣粉吧，这样气味就不会散发出来害人了！”

龙叔叔解释道：“呵呵，洗衣粉倒是可以勉强用来清洁，但是清洁剂万万不能随便用。”

不可不知的事

氨气的发现

1727年，英国化学家哈尔斯做了一个实验，他用氯化铵与石灰的混合物在曲颈瓶中加热，其中曲颈瓶以水封闭，结果水被吸到了曲颈瓶中，但是不见气体出来。1774年，化学家普利斯德里重新做了哈尔斯的实验，这次没有用水，而是用汞来密闭曲颈瓶，从而制造出了碱空气，也就是氨气。之后，普利斯德里研究了氨的性质，发现它很容易溶解到水中，还能够燃烧，并且发现将电火花接入氨气中，它的容积会增加很多，此时氨气会分解为可燃的氢气和不能助燃的氮气两种气体。证实了氨是氮氢化合物。铵盐就是氨与酸作用的产物。现在，氨气可以用作致冷剂，还可以制取铵盐和氮肥。

2 清洗厕所要注意

小龙崎和龙叔叔在超市里买日常用品，在挑选厕所清洁剂的时候，小龙崎突发奇想地拿着两种清洁剂问龙叔叔："龙叔叔，这两种清洁剂都能用来清洁，那两种混合起来用效果是不是更好啊？"龙叔叔笑着解释："这是不可能的，这可不是简单的1+1=2呢。"

市面上出售的厕所清洁剂大致有两种，一种是含氯的清洁剂，另一种则是酸性清洁剂。含氯清洁剂的成分主要有次氯酸钠，常用来洁白厕所、瓷砖清洁，主要功能是去污去霉；酸性清洁剂主要是含有盐酸的清洁剂，常用来去除厕所污渍，清洁排水管之类的器具。清洁剂里，酸性产品比碱性产品去污性能更好、更全面，因为酸能和钙、镁等反应生成可溶性物质，达到分解污渍，去除马桶、厕所瓷砖表面水垢、锈迹等功效。而碱性的清洁剂，主要用于除臭、漂白和杀菌消毒，一般很难去除污渍、锈迹、水垢之类的脏污之处。

当然，生活中，常常有人为了实现这两种效果的结合，混合使用清洁剂，加强去污效果。可是他们并不清楚，清洁剂不能混合乱用。一旦混合了，这些清洁剂就会产生有害毒气，导致人体受损害。混合使用多种清洁剂，容易产生氯气，而氯气正是损害人体的凶手之一，这种气体扩散开来会导致人眼部、鼻子、咽喉不适，更严重的还会伤及心肺，有毒气体充斥到一定程度，还能置人于死地，很是危险。所以我们平常清洁厕所时要特别注意，洁厕剂的成分为酸性，而漂白水的主要成分是次氯酸钠，是碱性的，两者混合使用会释放出有毒气体氯气，为了人体健康，这两种清洁剂千万不能混合使用。

洁厕剂一般成分是酸性成分，而混凝土、大理石地面主要是由碳酸钙构成，两者混合容易分解，使用洁厕剂的时候应注意保护这类物质的表面不受侵蚀。同时各类金属和酸性洁厕剂也会发生化学反应，洁厕剂对此类金属有一定的腐蚀性，长期接触容易腐蚀掉这类金属。而厕所里的仿瓷洁具类高分子材料也不适宜和酸性洁厕剂接触，否则容易损伤器具，在使用洁厕剂时，应尽量选择优质产品，保护好各类易反应物质。

另外，要禁止儿童接触洁厕剂，应在成人监督下使用。使用洁厕剂应戴上手套避免接触洁厕液，以免腐蚀皮肤。如果不慎接触身体或眼部，应及时使用清水冲洗，情况严重者，应立即就诊。

小龙崎恍然大悟道：“洗厕所都是一门大学问啊，生活处处有学问。”

不可不知的事

厕所清洁剂里的有毒物质

厕所清洁剂中含有一种有毒物质叫“萘”，这种物质会刺激皮肤、眼部和呼吸道。大量吸入，容易损伤人的肝脏和肾。因而每次清洁厕所时，要先排气通风，将250毫升醋倒入便池里，隔日再清洁，效果会更好，也更安全。

3 鞋油也有危害

小龙崎看到龙叔叔的皮鞋脏了，于是一大早就起来拿出鞋油准备给龙叔叔擦皮鞋。忙活了好一会儿，小龙崎终于把鞋子擦得锃亮锃亮的。小龙崎跑去跟龙叔叔邀功："龙叔叔，您看我把您的皮鞋擦得多好看。"

龙叔叔用赞赏的眼光看着小龙崎，夸了他几句，然后摸着小龙崎的头说："小龙崎啊，你应该闻到了鞋油里有股刺鼻的味道吧，这鞋油也是有危害的，里面有一种叫'硝基苯'的东西不好。"

硝基苯是一种有机化合物，又称"苦斑油""苦杏仁油"。它的化学性质很活泼，容易被还原，所以常用作染料中间体。鞋油的色泽鲜亮，就是因为用了这类物质，我们日常用的鞋油里都含这种物质。

硝基苯是鞋油里潜在的危害。它是一种毒性很强的化工原料，一般有三种途径使人中毒。首先是呼吸，平常用鞋油的时候，常常能够闻到一股味道，这种刺激性的味道容易导

致中毒；其次是皮肤吸收，皮肤接触到鞋油时，里面的硝基苯会悄悄潜入人体，让人感觉头晕恶心，严重的会危及生命；最后，这种物质一旦意外吸入，会转化成一种中间物质，最终引起红细胞破裂，进而发生溶血，更可怕的是还会直接作用于肝细胞病变，引起中毒性肝病，更严重的可能造成肝坏死等疾病，危害巨大。

通常情况下，家庭平常使用的鞋油不会引发这么严重的硝基苯中毒，但是这些情况都不容忽视，硝基苯产生的毒素对孕妇儿童伤害巨大，一般的会引起头晕昏迷，严重的可导致畸形胎、胎儿发育迟缓、智力发育不全，甚至流产。大家要认清这类物质的危害，孕妇儿童要远离硝基苯，尽量保证身体健康。

“鞋油产生的毒好严重啊！以后可不能再用这东西了。真可惜。”小龙崎沮丧地说道。

龙叔叔笑着对他说：“也不是完全不能，要看方法。鞋油中的硝基苯带来的危害固然很大，但是使用恰当还是可以避免的。生活中，使用鞋油时，我们应该尽量缩短擦鞋的时间，最好不要超过三分钟；一次尽量不要擦很多双鞋子，擦鞋时戴上口罩，和鞋子、鞋油保持一定距离。当然，选购鞋油也是重要的一步。虽然我们无法得知它的成分和毒性，但是我们应该选购那些商标明确、包装完好、没有明显气味的优质品牌鞋油，这样才能把中毒的可能性降到最低”。

不可不知的事

鞋油替代方案

如果实在担心鞋油中硝基苯的毒性，那么可以采用其他方法替代鞋油。比如使用天然保养法：擦鞋子之前，用干净柔软的布蘸点橄榄油，静置几分钟，然后慢慢擦干净，这样一来皮鞋既能保持光泽，又无毒无害。

4 人造地毯不安全

天色晚了，小龙崎和龙叔叔决定先找酒店休息。小龙崎一走进酒店，便被酒店大堂的地毯吸引住目光："龙叔叔，那地毯的颜色很好看，我也要铺一个到我卧室里。"

龙叔叔笑了笑："地毯虽然好看，却有可能存在危害。"小龙崎问："地毯也有危害？"

随着生活水平的提高，地毯越来越受到人们的喜爱。地毯可谓好处多多，它不仅能够美化环境，而且因为质地柔软，可以增加安全感。但地毯也有缺点，最常见的一种是可能会引起人体过敏。

地毯引起的过敏有两种情况：一是对地毯本身过敏，二是对吸附在地毯中的尘螨等物过敏。大多人造地毯含有不稳定的有机化合物，容易导致一些有过敏体质的人过敏，这类人如果长期生活在该环境中，就会出现头痛、疲倦、眼炎、鼻炎和咳嗽等症状。

另外，地毯经纬线较粗，空隙较大，很易吸附尘土和一些如尘螨、真菌孢子等微小颗粒。地毯本身笨重而难以清洗，因而需常用吸尘器清理。但即使每周几次地打扫，也不能将深埋在地毯中的尘土和致敏颗粒扫除。于是这些"顽固派"就会惹是生非，令人过敏。

地毯铺设方法跟人体健康关联较大。有人偏好将整个地面铺满，然后将家具放上，有人喜欢只在房间空地上铺放。相较之下前面的做法不可取，因为这种铺设方式使尘土更难以清除。难以清除的微量尘埃会逸散到空中污染空气，当冬季室内因取暖升温时，这些尘埃会改变性质，变成对人体有更大伤害的气态物质。

地毯引起的过敏反应一般出现在铺设地毯后的1～2个月，最常见的症状是皮肤出现皮疹、瘙痒等；呼吸道症状也相对常见，主要有哮喘、咳嗽、打喷嚏、流清涕等；另外还会引起眼睛发红、发痒、流泪等。据统计，儿童因为个矮，与地毯的相对距离最近，且家长误认为地毯是很干净的地方而随意让孩子坐在上面或躺在上面嬉戏，在发病人群中最多见。

近几年，日本出现由地毯引起的一种主要症状为患者发烧不退、服用药物作用不大，而后舌头肿胀、双手脱皮的疾病，以幼儿发病率最高。经研究，该病由繁殖在地毯中的微生物“蜱螨”引发。这种微生物以人体皮肤上脱落的细胞屑为食，一旦进入肺或支气管，就会使人发病。免疫力弱的幼儿喜欢在大量“蜱螨”生存的地毯上玩耍，自然首当其冲。

“原来美丽的地毯有这么大的危害。”小龙崎感叹道。

不可不知的事

防治尘螨小方法

尘螨会使皮肤产生过敏症状，危害人类健康。注意室内卫生清除，勤晒被褥床垫，勤洗衣被床单，保持卧室干燥、通风、少尘是防治尘螨的主要方法。可以使用尼帕净恩、虫螨磷等杀螨剂进行灭螨。对于螨虫叮咬，每天用硫磺皂洗一到两次患处可以有相应效果，并且可以治疗尘螨过敏。第一次使用时皮肤有可能有部分蜕皮，一般会有紧绷的痛感，这些都是属于正常反应。除此之外，利用浓盐水细胞液会使螨虫缺水而死的原理，我们还可以用浓盐水浸泡的办法进行灭螨。它有方法简单、适用于各种人群并且无副作用的优点。具体方法是：每天用沾浓盐水的棉签涂抹患处几次。

5 危险重重的化妆品

小龙崎去海南玩了10天之后，皮肤变得很黑很黑。有一天他偶然看到电视上关于化妆品美白的广告“擦出珍珠般的美白”，突然心动了，于是想要买一瓶回家使用，没想到龙叔叔却不同意。

小龙崎很是不开心：“为什么不给我用那些化妆品呢？”龙叔叔摸摸小龙崎的头，笑着说：“傻瓜！让我来告诉你化妆品有多危险。”

化妆品虽然有一定的保护、美化人体肌肤的作用，但由于一般的化妆品都是化学合成品，难免会挥发出各种有害物质。这些有害物质对皮肤不仅有刺激作用，而且还会导致水肿、瘙痒和斑疹等“化妆品皮炎”。对于孕期或育儿期妇女来说，这些化学物质还会同时危害她们和小孩的健康。据调查，人一生中吸收的有害化学物质的量，男人的是其体重的一半，而女人的是其体重的两倍！进一步的调查还发现，一名健康的30岁妇女的一个脂肪细胞中竟然可以找到500多种化学物质。

到底什么是化妆品危害呢？化妆品危害是指添加含有对皮肤正常机能有害的化学合成物质的化妆品、保养品在日积月累的使用中会对人体造成伤害。现在的化妆品虽然有各种

功效，但我们决不能以牺牲皮肤健康乃至身体健康为代价去追求美丽。肌肤老化是无法避免的，然而化妆品、保养品的不当使用会加速皮肤凋零。在广告的催化下，化妆品的使用年龄已经降到了十五六岁，所以越来越多20岁左右的人长出了黑斑。更为严峻的情况是，如今的人们舍本逐末，当皮肤出现问题时不是正确地去探究原由，而是听信天花乱坠的广告，将解决的办法寄希望于更高级的保养品、化妆品。

为了增加祛斑美白的功效，许多化妆品添加了汞、铅、砷等有害的化学成分。由于砷对蛋白质及多种氨基酸有很强的亲和力，而汞这种金属具有常温下以液态形式存在的特殊物理性质，所以两种物质都容易被生物体吸收而对使用者造成伤害。另外，添加剂中的防腐剂、色素、酶类以及重金属，都分别会引起使用者的不同不良反应。

小龙崎不解："那具体会有什么不良反应呢？"

龙叔叔回答道："不同的原因会引起不同的反应。汞超标是一种常见的化妆品重金属超标，它不仅会造成皮肤刺激、色素脱失、损伤等，更重要的是汞在体内积聚后会引起机体的各种不良反应，尤其会损害中枢神经系统，中枢神经系统受到损害后，人的情绪变化十分明显，还会出现失眠乏力、记忆力衰弱等反应。"

不可不知的事

常用化妆品易生痤疮

化妆品痤疮是由化妆品引起的面部痤疮样皮疹，其常见性仅次于接触性皮炎，常见于膏霜类化妆品使用者。如面脂、面霜等护肤类化妆品，粉底、油彩等美容修饰类化妆品以及含粉质较多的增白霜等。这类化妆品的基质是凡士林、液状石蜡、矿物蜡油等物质，这些物质容易诱发痤疮。另外，如果在皮脂腺分泌旺盛时大量使用这些会阻塞汗腺、皮脂腺和毛囊口的化妆品，毛囊阻塞机会将大大增加，皮脂不得顺利排出，从而导致皮脂积聚，进而形成痤疮。

6 小小床单别乱用

小龙崎这段时间都沉浸在网络淘宝里，淘宝对小龙崎来说就像一个宝库。一天，小龙崎看到一条很不错的床单，价格很便宜，正打算下单。这时，龙叔叔走了过来告诉小龙崎可千万别在网上买便宜床单，床单可不能乱用。

小龙崎很疑惑，问道："为什么不能买便宜的床单？为什么床单不能乱用？"

龙叔叔语重心长地回答："因为劣质的床单很危险！"

很多人都知道家居中的甲醛，却很少有人会把甲醛和床上用品联系在一起。事实上，一些劣质纤维床单中也含有甲醛。甲醛用在床上用品里有两个重要作用。一是固色，甲醛加到纤维中可以防止床单掉色，保持亮洁的色彩；而是防皱，一般棉质床单容易起皱，加入甲醛后，甲醛分子在高温下与棉分子结合就可以防皱了。长时间接触甲醛对呼吸道和皮肤危害极大，可能导致鼻癌、皮肤癌等疾病。

偶氮是另一种危险的物质。劣质的床上用品会使用偶氮染料。偶氮染料是印染工业中广泛使用的一种染料，。可以制作出绚丽的花色，和各种吸引人的图案和花纹，但是它能分解产生20多种致癌物质，这些致癌物质容易通过活化作用改变人体DNA结构从而引起病变和癌症。这种染料是禁止使用在床上用品的制造中的。但是一些无良商人为了吸引顾客，通过偶氮染料制作成漂亮的图案纹饰，迷惑人们，而人们往往并不知情。这种染料进入人体后容易产生致癌物质，危害人体健康！

小龙崎心惊胆战地点了点头："我明白了，那我还是找机会买一床质量好的新床单吧，床单还真不能乱用呢！"

龙叔叔欣慰地说："现在你知道了就好。床单是很脏的，你知道吗？人体脱落的皮肤细胞是螨虫的食物，螨虫和它们的粪便会堆积在床单上；还有灰尘、微粒、小昆虫之类的细小颗粒也会留在床单上；动物毛发、头皮头屑、真菌、孢子、身体分泌出来的体液和其他细菌也会堆积在床单上，这些都不可忽视，容易造成疾病，危害人体健康呢。所以，选择床单可要慎重，平时多换洗，保持一个清洁的环境，这样才能保证身体的健康啊。"

不可不知的事

购买床单小贴士

选购床单的时候要，尽量选择一些棉质的、舒适且健康的优质床单。另外，在选购床上用品时，一定要注意，皮肤敏感的人要注意床上用品的pH值，皮肤敏感的人会因pH值超标引发皮肤瘙痒等症状。对于这类人群来说，纺织品的pH值应限制在4.0～7.5之间。

7 美甲别用指甲油

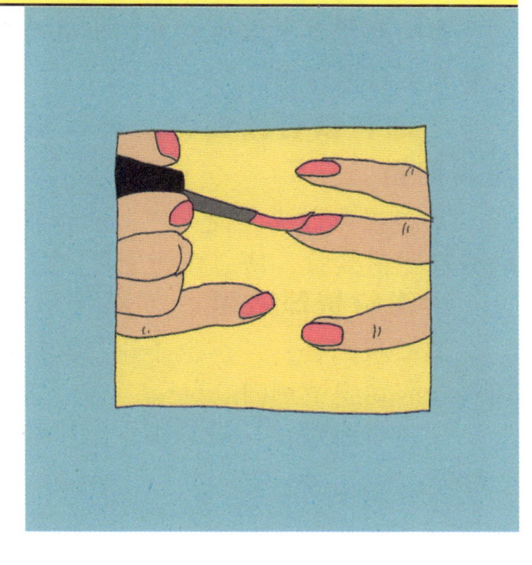

傍晚时分，小龙崎和龙叔叔在街上的咖啡厅里享受他们的下午茶，小龙崎趴在蛋糕柜子的玻璃上挑选他的心爱甜品。“姐姐，我要这个抹茶慕斯。”小龙崎接过服务员递过来的慕斯，注意到她斑斓而精致的指甲。

“龙叔叔，姐姐的指甲好漂亮啊，是贴上去的吗？”龙叔叔笑了笑：“那是指甲油，看上去很漂亮，但是经常涂很不好。”

指甲油又称“指甲漆”，主要由硝化纤维，配上醋酸乙酯、丙桐、苯二甲酸酊类、乳酸乙酯等化学溶剂制成。这些溶剂能使指甲色泽丰盈，并且不褪色。但由于指甲油里存在甲苯、甲醛和苯二甲酸二丁酯 (DBP) 等有毒成分，如果我们长期或近距离吸入这些有毒成分，严重者会伤及脑部神经或者致癌，就算是不严重的也会导致干眼、眩晕、皮肤及呼吸道刺激干燥。

而且指甲油里含有大量的各种矿物性色素、人工合成色素等成分。这些色素让指甲油呈现出多种颜色，但是色素沉淀在指甲上会使指甲越发暗淡发黄、甚至变成灰指甲。并且随着指甲油颜色越深，附着沉淀的现象就越明显。

另外，指甲油会慢慢破坏指甲的角质细胞，长期使用它会造成指甲缺氧，指甲就慢慢变得脆弱，表现出生长缓慢、极易断裂等特征。而且，用于卸掉指甲油的洗甲水中含有丙酮，长期使用，会让指甲表面的角质层变得粗糙。

指甲油中含有一种名为‘酞酸脂’的物质，长期吸收会导致惯性流产。不仅如此，它也会影响肚子里宝宝的发育，出现畸形宝宝。就算宝宝顺利生出来，这种有害物质还会引起婴儿生殖器畸形。”

“那有没有什么办法可以不涂指甲油，却可以做成指甲油的效果的？”小龙崎问道。

龙叔叔点点头，说：“有一种对人体的呼吸及精神系统影响比较小的美甲技术。用紫外线灯照射凝胶，使之在指甲上产生固化反应。这种技术叫‘光疗’。”

小龙崎恍然大悟：“光疗后的指甲也要用洗甲水洗掉吗？”

龙叔叔回答：“这倒不用，光疗后的指甲要想洗掉必须打磨很久，打磨至很薄后，将指甲浸泡到脱甲剂内。”

“这么麻烦，那最好别涂指甲油了，反正不涂也好看，自然些反而更漂亮。”小龙崎嘀咕着。

不可不知的事

世界上第一瓶指甲油

古时候，人们的手上和脚上都涂着颜色各异的指甲油，作为个人社会地位的象征。现代意义上的第一瓶指甲油是露华浓的科研人员在1920年受到汽车喷漆的启发而发明的。几十年的发展中，指甲油更新了无数次配方，慢慢剔除指甲油中的有害成分对人类的影响。

8 空气清新剂不清新

夏天来了，小龙崎和朋友打完球，出了一身汗，正在家里休息。这时汗臭味弥漫了整个房间，于是小龙崎拿来空气清新剂喷遍了屋里的每一个角落，使房间的味道变得芳香。这时龙叔叔进了房间，闻到了清新剂的味道，对小龙崎说道："小龙崎，空气清新剂虽然闻着很舒服，可是不能多喷！""为什么呢？"小龙崎疑惑地问道。"因为它有害！"龙叔叔摇了摇头。

之所以有不同的空气清新剂，是因为加入的香精不同。除了味道不一样外，空气清新剂的成分都是会差不多的，都由乙醚和芳香类香精等成分组成。这些成分本身就是一种污染物质，释放到空气中后，会分解变质。因此空气清新剂是有危害的。

空气清新剂有三大主要危害。一是污染环境。空气清新剂本身就是一种污染物质，因为它并不能从根本上消除异味，只是用它的味道掩盖异味。更严重的是，它在空气中释放分解后，又进一步产生危害物质。二是引起过敏。空气清新剂会强烈刺激呼吸道，尤其是对于过敏体质的人而言，空气清新剂极易诱发过敏。三是引发严重疾病。欧共体消费者协会发现，空气清新剂可以诱发癌症。并且由于空气清新剂中含有可以刺激人的神经系统的芳香类物质，所以它也会影响儿童的健康成长。

听到这里，小龙崎赶紧打开窗户让空气流通，还问道：“空气清新剂的危害那么多，那我们在使用它的时候要注意什么呢？”

“需要注意的可多了！”龙叔叔来了兴致。“在使用空气清新剂时，有关专家建议应注意以下四点：一是敏体质者及有过敏性疾病的成人、婴幼儿应当慎用空气清新剂。二是一般人在喷洒空气清新剂后，最好暂时离开房间直到大部分颗粒物质或气溶胶沉降，打开门窗通风换气后再进入。三是浴室和厕所应选用气体性质的空气清新剂。四是应从根本上找出恶臭的原因并彻底清除，从而使空气真正清新，不能过分依赖空气清新剂。更需要注意的是，84 消毒水、空气清新剂等化学物质应尽量避免用于室内消毒。正常情况下经常进行空气消毒是不必要的，除非居室内有呼吸道传染病人。”

不可不知的事

清凉油的由来

清凉油又叫“万金油”，内含薄荷油、桉叶油、樟脑和桂皮等。很多有人喜欢往卫生间喷空气清新剂来除味，但大多数清新剂除味的时间比较短，一般几分钟就消散了，不一定能彻底“清新”空气。其实我们可以将一小盒清凉油开盖后放在卫生间合适的位置，使清凉油味逸出，即可除去异味。清凉油有提神醒脑之功效，将其涂在印堂、太阳穴处可缓解头痛、伤风。遇到蚊虫叮咬、皮肤瘙痒或轻度烫伤时，取清凉油涂抹在患处，即可活血消肿、镇痛止痒。清凉油如此神奇，它是怎么发明的呢？据说，它是福建人胡文虎发明的。清同治初年，胡文虎随父在缅甸的仰光开了一家药铺。缅甸天气炎热，雨水充沛，蚊蝇虫豸繁多，胡文虎便开始研究中草药，最后制成了“虎标万金油”。

9 染发剂要慎用

今天小龙崎和龙叔叔出去逛街，看见街边美发店的宣传广告写着“染发3折优惠”。小龙崎看了看龙叔叔有点白的头发，指了指美发店说道：“龙叔叔快看！三折优惠！您要不要去把头发染成黑色？看起来也年轻一点啊！”

只见龙叔叔摇了摇头，说道：“染发剂可要慎用。”

染发剂大多含有致癌物，长期使用可能致癌——这一说法在20世纪90年代就得到了证实。最近，1.3万名染发妇女接受了美国癌症学会的调查，得出了女性使用染发剂，患淋巴瘤的机会增加70%、染发妇女患白血病的数量是未染发妇女的3.8倍的结论。调查显示，1980年以前就开始染发的女性患非何杰金氏淋巴瘤（NHL）的概率高出1/3，而使用黑色染发剂25年以上的女性患这种癌症的概率则增加1倍。日本有一项研究，测量身上涂了染发剂的母老鼠的子宫重量的变化。结果显示它们的子宫重量减轻了。这表明，染发剂对生殖器官有害。我国哈尔滨市第一医院也曾收治了6例因经常染发而致白血病的患者。

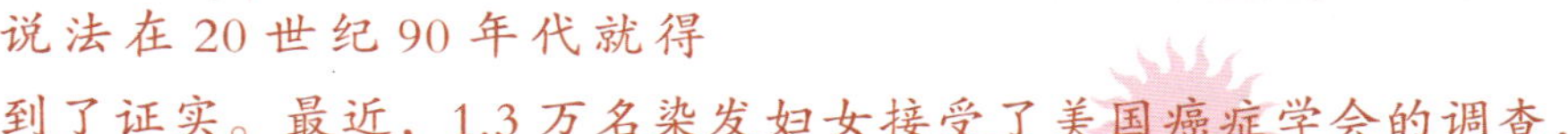

“究竟染发剂中的什么成分使它变得有危害呢？”小龙崎不解。

龙叔叔说：“染发剂中的染料可以分为天然染料和合成染料两大类。后者使用范围较大，因为它色泽鲜艳，耐晒，耐洗，产量也较高。染料根据化学性质可以分为蒽醌、偶氮、硝基、靛类和芳香族类。用于染发的一般都是偶氮和芳香族类化学合成染料。这类化学类合成染剂可以发挥最美丽的颜色，但包含了许多对人体有损害的重金属元素如铅、镍、汞等，具有较强的致癌性，并且会引发血液病等各种疾病。染发时，染发剂会通过头皮进入皮肤，进一步渗透到血液中，经过一天天的积累，会越来越严重地危害人体，久而久之就可能诱发癌症或其他疾病。”

不可不知的事

染发时需要注意过敏

检查头皮是所有人染发前都应该做的事情。患疮疖、伤痕、皮炎、心脏病、高血压的人及怀孕、分娩期间的女性不能染发。第一次染发时，未避免引发过敏反应和过敏性皮炎，染发者应当做皮肤过敏试验。具体做法是取少许染发剂涂在耳后皮肤或手臂内侧，两天内没有水疱或灼痛感等异常反应就可以染发。

10 漱口水应少用

小龙崎逛街的时候发现最近市面上多了一种代替牙膏的日用品：漱口水。小龙崎觉得十分新奇，也买了一瓶准备回家试一试。龙叔叔发现后，对小龙崎说道："漱口水可以用，但是最好少用。"

小龙崎觉得很疑惑，问道："怎么回事？难道漱口水有毒吗？"

近年来，漱口水受到越来越多人的青睐，因为它能够清新口气、保护牙齿。随着很多人长期使用药物性漱口水，认为这样做能够取得更好的保健效果。这种做法其实是错误的。

漱口水分为药物治疗性和保健性两大类。前者由专业医生自主调配，主要针对门诊病人，辅助治疗口腔炎症如牙龈炎、牙周炎、口腔溃疡等。对于口腔溃疡病人，为了减轻病人进食时的疼痛，医生会在漱口水中加入麻药成分。对于刚做完手术的病人，为了起到杀菌的效果，医生会在漱口水中加入碘伏消毒液。保健性漱口水的功效是暂时减少口腔内细菌的数量，除去口腔内食物残渣和部分软垢，类似于口香糖和口腔清新剂。这类漱口水一般口感比较舒适，使用人群无限制，使用时也不需要特殊指导。

治疗性漱口水中包含洗必泰、复合碘剂等具有消炎、杀菌功效的药物成分，不可以随便使用它们。要清楚，一个健康的人，口腔里也存在一些正常菌群，如果长期使用具有杀菌效果的药物漱口水，某一种类的细菌就会被过度抑制，严重后果则是导致口腔内菌群失调，这是很不利于口腔健康的。除此之外，长期使用洗必泰也是弊端重重。因为它容易使味蕾的味觉降低，使牙齿及口腔黏膜面着色，并抑制唾液的分泌，从而给人们造成很多不适症状，直接的表现就是口干、灼痛等。

所以，不能自行长期使用药物性漱口水，使用的时候应该经过专业医生的指导，做到有选择地使用。还需注意的是，漱口水不能替代牙刷、牙膏。牙刷能够把牙齿上的菌斑刷掉，牙膏则能够治疗牙周病和龋齿，这都是漱口水没有的功效。

不可不知的事

生物漱口水的适用范围

生物漱口水主要有三个适用范围：一是术后、高热、晚期癌肿及中风后遗症卧床的病人；二是胃热或湿热所致的患牙龈炎、冠周炎、牙周炎、牙痛及黏膜炎的人。三是儿童用于牙齿保健。当然，口腔有异味的人群也适用。

11 选择牙膏要慎重

家里的牙膏正好用完了，小龙崎打算出门去附近的便利店买一支新的牙膏。龙叔叔知道后，嘱咐小龙崎："小龙崎，不要图便宜！要慎重选择牙膏，买一些有口碑保证的。""牙膏不是很平常的日用品吗？为什么选择牙膏也要慎重呢？"小龙崎不解。

牙膏的选择需要注意两点：一是含氟，因为有效防止蛀牙主要是靠长期使用含氟牙膏；二是原材料，即要看牙膏的磨擦剂选用的是什么原材料，因为长期使用粗糙摩擦剂的牙膏刷牙对牙齿是不利的，牙釉质会被粗糙的摩擦剂伤害，造成磨损。

一般来说，为了减少对牙釉质的磨损，很多牙膏往往使用高档硅作摩擦剂，这种牙膏的膏体质地比较细腻光滑、呈冻状。肉眼看不出的可以做以下实验：在新的CD盒上，将不同牙膏分别刷5～6下，观察是否有刮痕，若没有，则其中的摩擦剂较细腻。还有一个办法，是轻轻尝一尝牙膏，如果有粗糙的感觉，并且要清除它需要漱口多次，则它们大多内含比较粗糙的磨摩剂，专家建议不用。

同一种牙膏被长期使用是不利于口腔健康的。因为如果长期使用同一种牙膏刷牙的话，一些有害的口腔病菌会对牙膏产生耐药性和抗药性，使牙膏不再发挥灭菌护齿的作用。而且牙膏也会抑制、杀灭口腔中的正常菌群，破坏口腔中的"生态平衡"，从而引起新的感染和新的口腔疾病。所以，应该经常更换牙膏的种类，以达到保护口腔健康的目的。另外，

临床研究发现，自行用药物牙膏是许多口腔溃疡、牙龈出血的患者都喜欢做的事情。实际上，长期使用药物牙膏，不但损害口腔粘膜，还会引起牙龈炎、口腔炎、舌炎等，因为实际上这些药物牙膏中含有刺激性强的物质和生物碱，所以要交叉使用普通型和疗效型的牙膏。

日常生活中要尽可能做到3个月左右换一次牙膏。这样做有很多好处：第一，保持防治效果，因为口腔内的细菌不会对某些药性成分产主耐药性；第二，避免因为长期反复使用某种牙膏而过多地将某些药物摄入体内。所以说，明智的选择就是将若干种牙膏交替使用。

“那像我们这种没什么口腔疾病的人，应该选择什么牙膏？”小龙崎对选择牙膏这个问题很有兴趣。

“哈哈，当然是‘普通人’选择‘普通’牙膏啦！”龙叔叔笑着说。

不可不知的事

普通人选择普通牙膏

专家表示，没有口腔疾病的人或者是疾病较轻者平时使用普通牙膏就可以了。冰片、丁香油、薄荷脑、留兰香等一般都包含在普通牙膏中，这些物质大都有防治口腔疾病的作用。而且普通牙膏并不会导致不良反应，使用起来也很舒适。

药物牙膏就不一样了，它们大都有较强的适应性，选用不当会产生副作用。另外，药物牙膏也只能作为辅助治疗。若有口腔疾病，还是应该尽早去医院看医生以治疗疾病。

12 “世纪之毒”——篝火炉

这天，小龙崎突然想去吃烧烤，龙叔叔拗不过他，就带他去自助BBQ，感受一下假日风情。小龙崎开心地左顾右看。

“龙叔叔您看，那个大哥哥架着三层钢铁架，还会冒蓝烟啊。”

龙叔叔笑着说：“那个叫‘篝火酒精炉’，人们户外活动时会用它来煮水。”

“那篝火酒精炉到底什么样呢？”小龙崎晃了晃小脑袋。

“嗯，听我慢慢和你讲。”龙叔叔答道。

如今很少人在家庭中使用篝火炉，因为比利时鲁汶大学的一项研究表明，经常使用篝火炉的青少年，其睾丸或乳房要比其他地区青少年的小许多。而且篝火炉会产生二噁英。

二噁英又称“二氧杂芑”，它无色无味，毒性极强，是脂溶性物质，非常容易在生物体内积累，并对人体造成严重的危害。胎儿血液、淋巴、泌尿生殖系统都十分容易受二噁英影响，而且二噁英的毒性会使胎儿发育异常甚至死亡。”

通常情况下，二噁英以微粒形态存在于大气、土壤和水中，极难自然分解。现代社会的冶金化工工业、垃圾焚烧、造纸工业、杀虫剂生产产业等都是二噁英的来源，因此需要正确处理工业垃圾的焚烧。

经常接触二噁英的人容易得癌症，经胎盘和哺乳会造成胎儿和婴幼儿的二噁英感染。而人体摄入二噁英的主要来源是食物，排放到环境中的二噁英吸附在颗粒物上之后，沉降到水体和土壤中，食物链的富集作用使二噁英以高浓度进入人体。

“还好吃的东西里没有。”小龙崎拍拍胸脯庆幸到。

“这你就错了。”龙叔叔指了指小龙崎手里的鸡翅，说道：“1999 年，比利时政府就曾因为饲养业遭受二噁英污染而下令禁止销售肉鸡和鸡蛋，而且还将卖出去的全部回收销毁了呢。另外，还有奶制品之类的，也曾经被查出含有二噁英。”

小龙崎哭丧着脸：“龙叔叔，我还在吃啊……”

龙叔叔大笑几声拍拍小龙崎的肩膀，说：“再跟你说个不好的消息，二噁英可号称‘世纪之毒’。”

不可不知的事

世纪之毒

二噁英的毒性非常大，比氰化物强 130 倍，比砒霜强 900 倍，故有“世纪之毒”的“美誉”。二噁英不仅极难自然降解消除，而且致癌性强，被国际癌症研究中心列为人类一级致癌物。

三、科学史上的
灾难事件

1 消失的丝绸之路

小龙崎和龙叔叔偶然路过一家旅行社，小龙崎被“丝绸之路”的宣传吸引住了。拉着龙叔叔不停地问：“龙叔叔，什么是丝绸之路啊，这丝绸之路是怎么来的啊？好玩吗？漂亮吗？”龙叔叔连忙打断了小龙崎的疑问，笑着对他说：“别急别急，一个一个问题来，我慢慢给你讲。”

丝绸之路，又称“丝路”，全长约7000千米。西汉张骞出使西域开辟了这条陆上通道。它的起点是现在的西安，经中亚、西亚，连接各地，最后到达欧洲。中国是丝绸的故乡，这条通道上输出的商品以中国的丝绸最具代表性，故而称之为“丝绸之路”。通过这条丝绸之路，中国的丝绸、茶叶、造纸术等传到了西域乃至欧洲，而西域的特产、佛教等也由此进入中国。

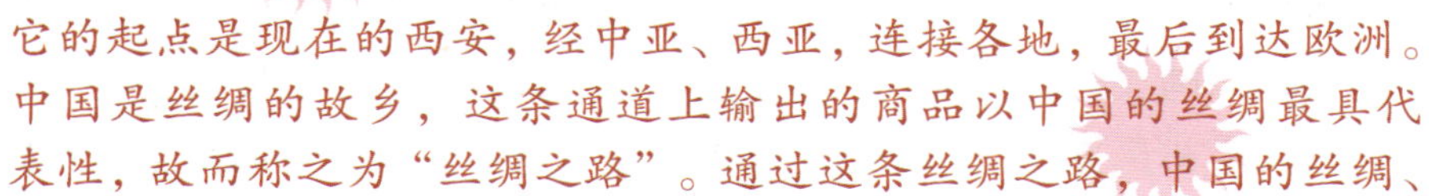

古时候，人类面对着难以想象的天险挑战，但东西之间并非完全隔绝。在北方的草原上，存在着一条由许多不连贯的贸易路线衔接而成的草原之路。这条路就是丝绸之路的雏形。公元前15世纪左右，中国商人在塔克拉玛干沙漠边缘出没，贩卖新疆地区的和田玉石，同时出售海贝等沿海特产，同中亚地区进行小规模贸易。随后，良种马和其他适合长距离运输的动物开始被人们使用，这使得大规模贸易文化交流成为可能。欧亚大陆腹地是广阔的草原和肥沃的土地，对于游牧民族和商队运输的牲畜而言可以随时随地安定下来，这样一来，一支商队、旅行队或军队可以在沿线各强国没有注意到他们的存在或尚未激发敌意的情况下，进行长期贸易。河西走廊的开辟带动了中国对西方的商贸交流，西域地区的国家纷纷在这一时期出现。而当时的欧洲国家已经出现了“赛里斯”——对中国的称呼。说明在汉朝以前东西方之间已有经过各种方式而持续长时间的贸易交流。

“为什么丝绸之路会消失呢？”小龙崎用很可惜的语气问。

“导致丝绸之路消失的因素有很多，如气候变干、降水减少、冰川消融等自然因素及土地滥开垦无度，水资源使用的无节制、战争破坏等人为因素。”龙叔叔答道。

不可不知的事

海上丝绸之路

海上丝绸之路主要有东海起航线和南海起航线，是古代中国与外国交通贸易和文化交往的海上通道。海上丝绸之路历史悠久，形成于秦汉时期，三国隋朝时期发展起来，唐宋时期十分繁荣，明清时期逐渐没落。徐闻古港是汉代海上丝绸之路的始发港。从3世纪30年代起，广州逐渐取代徐闻古港成为海上丝绸之路的主港。宋末至元代，泉州与埃及的亚历山大港并称为“世界第一大港”。经过历代变迁，现今联合国教科文组织公认泉州是海上丝绸之路的起点（即主港）。明清时期，由于战乱和政府海禁改策的影响，海上丝绸之路逐渐衰落。

2 两河流域文明的毁灭

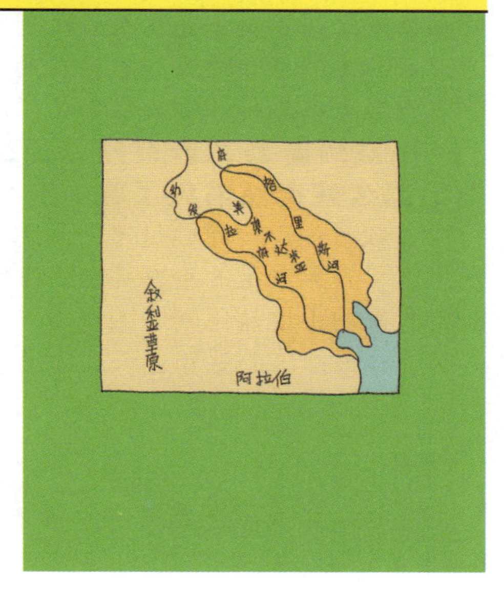

这天，小龙崎和龙叔叔到博物馆参观。博物馆里陈列着各种各样的展品。突然，小龙崎看到了一个刻满文字的泥版，可是上面的字他一个都不认识，于是就好奇地追着龙叔叔问个不停。“龙叔叔，上面的是什么文字啊？这泥板的价值是不是很高的啊？”

龙叔叔一边拍着小龙崎的肩膀，一边回答道：“小龙崎，这可不是一般的泥版，它刻着的可是人类文明史上最早的楔形文字，是在两河流域文明时期遗留下来的，已经有好几千年的历史了呢！”

两河流域文明又称“两河文明”或“美索不达米亚文明”，是西亚最早的文明，指两河流域间的新月沃土（底格里斯河和幼发拉底河之间的美索不达米亚平原）所发展出来的文明。它由苏美尔、阿卡德、巴比伦、亚述等文明组成，其中心大概在现在的伊拉克首都巴格达一带。北部古时被称为“亚述”，南部则是“巴比伦尼亚”。而巴比伦尼亚的北部又叫“阿卡德”，南部为“苏美尔”。这一带在远古时期是干旱区域，但下游土地肥沃，居住着许多种族，所以很早就发展了灌溉网络，形成了以城市为中心的农业社会。

世界上文化发展最早的地区就是两河流域：发明了世界上第一种文字——楔形文字，

编制了第一部法律，建造了第一个城市，制定了第一个7天的周期，发明了第一个制陶器的陶轮，第一个阐述了创造世界和大洪水的神话。并且，为世界留下了大量的远古文字记载材料——泥版。两河流域虽然缺乏木材和石料，但两河冲积形成的平原上却有取之不尽的黏性泥土，于是苏美尔人将之制成泥版，用芦苇做成的书写工具在上面刻字或画图，因为形成的文字符号的每一笔按压的部分痕迹宽、深，拖出的部分窄、浅，跟木楔很像，所以叫楔形文字又叫“钉头字”或“箭头字”，被誉为“东方的拉丁语”。

小龙崎听着，若有所思地感叹道：“原来两河流域文明这么发达啊！可是他们怎么就突然消失了呢？”

龙叔叔说：“原因是多方面的。一是外部新兴文明的征服和取代；二是过度的农业开发恶化了先天不足的生态环境。据泥版文书记载，从苏美尔开始的两河流域一直被随农业灌溉而来的土地盐化问题困扰着，大批的城市也因此被永久地放弃了，这被认为是诸神对人类罪行最严厉的惩罚之一。从绿色农田到沙漠，这是自然界给现代人的一个重大启示。”

不可不知的事

古老的楔形文字

楔形文字是古代西亚使用的、多刻写在石头和泥版（泥砖）上、笔画成楔状、很像钉头或箭头的文字。苏美尔人在青铜时代（约公元前3000年），用图画的形式在泥板上记录账目。慢慢地，这些符号演变为表意符号，一个复杂的词或短语用几个表意字合在一起就可以表达。楔形符号转了90°的原因是楔形字由直立变成横卧，由从上到下直行书写到从左而右横行书写。因为右手执笔的缘故，从左而右横写导致楔形笔画像一颗钉子和箭头一样左粗右细，所以楔形文字也叫“钉头文字”或“箭头字”。

3 澳大利亚兔灾

一天，小龙崎和龙叔叔在草坪上玩他们刚买回来的兔子。一位外国人看到他怀里的兔子后态度特别不友好，且拒绝和他们讲话，这让小龙崎感到很奇怪。他就问龙叔叔这是为什么，龙叔叔便说让小龙崎问外国人是哪里人。外国人说自己是澳大利亚人，并说他们都特别讨厌兔子。

小龙崎更加疑惑了："龙叔叔，澳大利亚人为什么会这么讨厌兔子呢？"

龙叔叔带着小龙崎和兔子赶快离开了草坪。在路上，龙叔叔笑着对他解释说："小龙崎，澳大利亚曾经发生过兔灾，所以澳大利亚人特别讨厌兔子。"

澳大利亚，这个美丽的地方，原来是没有兔子这种动物的。1859 年，在维多利亚的季朗地区，有人从欧洲带来了几只兔子在这里放养。而这不经意的放养，竟造成了比放虎归山还要大的危害。

对兔子来说，澳洲就是个无忧无虑的天堂。因为澳洲的土壤十分疏松，牧草生长得也十分茂盛，为兔子打洞做窝提供了无比的方便，而且兔子在这里也没有天敌。于是，兔子的地盘不断扩大，每年扩展的面积竟然达到了 100 平方千米。而且兔子的数量也在不断地增加，在不到 100 年的时间里，兔子就达到 75 亿只。这些兔子占领了整个澳大利亚，兔子也由可爱变得非常可恶。

仔细计算，10 只兔子吃掉的牧草相当于 1 只羊所吃掉的，那么 75 亿只兔子所吃的牧草则相当于 7.5 亿只羊所吃的牧草。兔子如蝗虫一般，所到之处便风卷残云般地吃光了所有的绿色食物。而澳大利亚经不起如此折腾。这个地区极为干旱，一棵小草都是极其宝贵的。而兔子在草地上打洞做窝，使得草原变得坑坑洼洼，对草原的破坏非常大。有的地方，兔洞像是防空洞一样在地下连绵一片。有时候牛、羊等牲畜踏在上面，一不小心便会陷入兔洞之中，这些地方的牧草也因为地下的空洞而得不到良性生长。澳大利亚的主要牲口是牛、羊，牛、羊的放牧受到了兔子兴旺的影响。于是，这个“骑在羊背上的国家”遇到了前所未有的大麻烦，澳大利亚人的生活受到了严重的威胁。

小龙崎津津有味地听着龙叔叔的解说，又好奇地问道：“龙叔叔，那澳大利亚人最后是怎么解决这场大麻烦的呢？”

“一场历时一个多世纪的灭兔行动在澳洲展开了。”龙叔叔沉重地叹了口气。“澳大利亚各州想了很多办法。开始时，他们筑建了大量木栅栏。但问题是，兔子会打洞，栅栏也挡不住。随后他们采用了一些其他的办法，诸如烟熏、设夹子、挖沟、用狗追杀等，但这些效果都不明显。无奈之下，他们想出了一条“毒计”——投放病毒，采用蚊子做媒介，兔子感染病毒后，慢慢地病死。这招比较成功，兔子数量大减。但是，兔子渐渐地获得免疫力，变得不怕这种病毒的威胁了。目前还不清楚，接下来澳大利亚将用什么武器去解决这个难题。但是由于以上这些原因，澳大利亚人认为兔子是相当不吉利的，他们对兔子这种动物就特别忌讳。”

不可不知的事

黏液瘤的选择性

20世纪50年代，澳大利亚政府决定采用高科技方法来消灭兔灾：生物控制法。一些生物学家从美洲引进了一种被称为“黏液瘤”的病毒。这种病毒靠蚊子传播，它的天然宿主就是美洲兔，可以在美洲兔体内产生黏液瘤。而且这种病毒对于人、畜、澳大利亚的野生动物等是完全无害的。综合考虑，澳大利亚政府认为这种病毒无疑是消灭兔灾的最理想的武器。

4 伦敦雾蒙蒙

有一天，小龙崎和龙叔叔经过一片厂区时，发现眼前竖立着一个个大烟囱，还冒着滚滚的浓烟，把天空弄得灰蒙蒙的，连太阳都被完全遮住了，小龙崎感到呼吸都有些困难了。小龙崎边捂着鼻子边问龙叔叔：“龙叔叔，怎么突然有那么多的烟雾，它们是不是有毒的啊，连太阳都看不见了。”此时，只见龙叔叔皱起眉头，沉重地说道：“小龙崎，这些都是工厂排出来的烟雾，有些是有毒的，要是吸入太多会伤害身体的，并且历史上就发生过几次很严重的烟雾中毒事件。”

1952年12月5～9日，英国伦敦发生了一次严重的大气污染事件，就是后来所说的“1952年伦敦烟雾事件”。这次事件的危害很大，造成了多达12000人丧生，也推动了英国建立环境保护法的进程。

从1952年12月5日开始，伦敦就被逆温层笼罩着。处于高气压中心位置的城市，垂直和水平的空气流动均停止，连续数日空气寂静无风。而当时正值冬季，伦敦多使用燃煤采暖，并且市区也分布了许多以煤为主要能源的火力发电站。这时候，在逆温层的作用下，煤炭燃烧产生的二氧化碳、一氧化碳、二氧化硫、粉尘等气体与污染物便蓄积在城市上空，由此引发了连续数日的大雾天气。在这期间，大批航班取消，就连白天汽车在公路上行驶都必须开着大灯。

而当时，伦敦正在举办一场牛展览会，参展的牛一开始便对烟雾产生了反应，350头牛就有52头严重中毒，14头奄奄一息，甚至有1头当场死亡。此后，伦敦市民也陆陆续续对毒雾产生了不良反应，感到呼吸困难、眼睛刺痛，发生哮喘、咳嗽等呼吸道病症的病人明显增多，死亡率也在不断上升。据史料记载，从12月5日到12月8日仅仅4天的时间里，伦敦市死亡人数就高达4000人。此后两个月内，因为烟雾事件而死于呼吸系统疾病的又有近8000人。

据英国环境污染负责人厄尔斯特·威廉金斯叔叔事后的统计，雾灾发生的前一周，伦敦就有945人死亡；而在大雾期间就更严重了，伦敦地区死亡人数激增到2480人，大雾所造成的慢性死亡人数达8000人，比历年同期多死亡3000～4000人。

“那是什么原因导致了这么多人中毒呢？”听到这儿，小龙崎不禁疑惑起来。

龙叔叔接着说：“造成这次1952年伦敦烟雾事件的直接原因是燃煤产生的二氧化硫和粉尘污染，开始于12月4日的逆温层所造成的大气污染物蓄积则是间接原因。燃煤产生的粉尘表面会大量吸附水，就容易成为形成烟雾的凝聚核，从而形成了浓雾。而燃煤粉尘中含有的三氧化二铁成分，也可以催化另一种来自燃煤的污染物——二氧化硫二氧化硫氧化生成三氧化硫，这样就可以和吸附在粉尘表面的水化合进而生成硫酸雾滴。而这些硫酸雾滴吸入呼吸系统后就会对人体产生强烈的刺激作用，使体弱者发病甚至死亡。”

不可不知的事

1948 年美国多诺拉烟雾事件

多诺拉虽然只是美国宾夕法尼亚州一个只有1.4万多人的小镇，但它却集中了硫酸厂、钢铁厂、炼锌厂。这些工厂的烟囱不断地像空中喷烟雾。1948年10月26～31日，持续了很久的雾天使诺拉镇看上去格外昏暗，空气中一丝风都没有，而工厂的烟囱还一直不停地喷吐着烟雾，空气中散发着刺鼻的令人作呕的二氧化硫（SO_2）气味。紧接着，小镇上很多人突然发病，症状为眼疼、咽喉痛、流鼻涕、咳嗽、头痛、四肢乏倦、胸闷、呕吐、腹泻等。很快20人死亡，死者年龄多在65岁以上，大多原来就患有心脏病或呼吸系统疾病。

5. “疯狂的”塑料工厂

一天，小龙崎和龙叔叔走在河堤上，发现眼前的河水冒着恶心的白色和黑色泡沫，小龙崎觉得很奇怪，河水怎么会冒泡沫呢，于是小龙崎便问起了龙叔叔：“龙叔叔，这河水里怎么会有白色和黑色的泡沫呢？水流这么慢，不可能冲击出泡沫啊。”

龙叔叔沉重地说道：“小龙崎啊。这些泡沫都是周围的塑料工厂排放出来的，含有很多有毒物质，是化工污染呢！历史上最严重的化工污染应该算日本的‘水俣湾汞污染事件’了。”

日本的“水俣湾汞污染事件”最早发生于日本熊本县水俣湾，是一次导致“水俣病”的严重海洋污染事件。据说，早在1953年，水俣湾附近渔村就流行一种被称为“水俣病”的原因不明的中枢神经性病。而到了1965年，日本新山县阿贺野川地区也发生水俣病。日本政府于1968年9月最终确认水俣病是人们长期食用富含甲基汞的水产品造成的。

那么水俣湾水产品为什么会富含甲基汞呢？原来是日本一家氮肥厂在生产过程中，将含有大量含汞的废水排入湾内，于是湾内水体、沉积物和生物体便受到了汞的严重污染。

有实验证明，沉积物的微生物拥有能将无机汞转化成毒性大的甲基汞的功能。水俣病有很多不同的类型，譬如急性、亚急性、慢性、潜在性和胎儿性等。而症状的轻重则与持续时间及甲基汞摄入量有关。通过水产品食用进入人体的甲基汞主要侵害脑组织，进而引起中枢神经性疾病。今天的医学水平难以征服水俣病，因此容易导致患者死亡或终身遗患。截至1978年3月，日本官方确认水俣湾附近和阿贺野川流域，水俣病患者多达2227人，其中死亡人数已有255人。

其实，水俣湾曾经是一个条件不错的渔场，周围的渔民都靠它生活。但自从氮肥厂工厂的含甲基汞的废水排入后，不但丰富的资源遭到破坏，渔民的生活手段被剥夺，而且很多人也因此而染病。

听到这儿，小龙崎不禁感叹道："原来还会这么严重啊，那日本政府没有采取措施来抑制这种情况吗？"

龙叔叔说："这一事件发生后，日本政府采取了很多措施，包括制定法令，禁止工厂再向水俣湾排汞，也不允许再在水俣湾采捕水产品，以此抑制水俣病的蔓延扩大。尽管这样，水俣湾的汞污染也难以消除，日本政府为了杜绝后患，便耗资填湾。当地政府建成了大型填埋场清除污含汞底泥，此次的工程总费用高达485亿日元，从1974年开始，一直到1989年完工，历时15年。这次的事件也向全世界发出了信号，海洋一旦遭受严重污染，不仅危害大，而且治理相当困难。"

不可不知的事

痛痛病事件

痛痛病是继水俣病之后，日本产生的又一种怪病，发生在日本富山县神通川下游镉污染地区。日本三井金属矿业公司在神通川上游开设了炼锌厂，炼锌厂经年累月向神通川排放废水，其中含有大量镉离子，于是镉便由食物链进入人体，积累到一定的数量后便引发了痛痛病。患病初期，患者感到腰部和手足等处关节疼痛，后来发展为神经痛、及至骨骼软化、萎缩、自然骨折，最后在剧痛难忍中丧生。对死者进行尸体解剖发现，他们全身多处骨折，有的竟达到73处，身高也缩短了几十厘米。痛痛病事件从1955年一直延续到70年代。据统计，1963～1979年共有患者130人，其中81人是痛死的。

6 失事的“哥伦比亚号”

美国航天飞机“亚特兰蒂斯号”在2011年7月22日完成最后一次任务，正式宣布退役，这也标志着美国航天飞机历史的结束。小龙崎一边看新闻一边问道：“龙叔叔，航天飞机那么厉害，还可以循环利用，为什么就要它们退役了呢？”

龙叔叔笑着说：“航天飞机的确在美国航天史上发挥了很大的作用，也是高科技的结晶，但是它们的造价非常昂贵，安全性也不高，看一下“哥伦比亚号”失事事件就知道了。”

对于美国“哥伦比亚号”航天飞机的事故，专家委员会给出了不少的解释：有的说是起飞时遭遇强风，有的说是发射前临时更换火箭助推器，还有的说是“哥伦比亚号”使用时间太长了。在哥伦比亚号起飞62秒后，异常猛烈的大风便吹袭过来，可能导致其左侧机身发生“内伤”，为日后坠毁埋下了祸根；此后仅仅20秒，从机身下部主燃料箱上脱落的泡沫绝缘材料就击中了左侧机翼前端，造成直接“外伤”。专家们解释道，这样小小的损伤对于一般的航天飞机来说可能不算什么，但“哥伦比亚号”毕竟已经21岁高龄，对于这样的“老机”来说，这样的损伤是致命的。

2004年8月13日美国宇航局确认，整起事故的祸首是“哥伦比亚号”航天飞机外部燃料箱表面泡沫材料安装过程中存在的缺陷。外部燃料箱表面脱落的一块泡沫材料击中航天飞机左翼前缘，当航天飞机返回经过大气层时，产生剧烈摩擦使温度高达摄氏1400度的空气在冲入左机翼后融化了内部结构，致使机翼和机体融化，悲剧就这样发生了。

小龙崎惊讶地说道：“原来一块小小的泡沫板就可以造成这么大的悲剧啊！”

龙叔叔边点头边说：“没错，载人航天要求极其精密谨慎的科技，不能有一点差错。航天飞机自身也存在很多的缺陷，所以我们国家没有进行研发。”

不可不知的事

为什么中国不研制航天飞机

航天飞机对技术的要求高，而且费用高昂，安全性又低。我国的“神舟”系列宇宙飞船不仅技术简单，而且价格较低。航天飞机每飞一次都要耗费16亿美元，约110亿元人民币。但是我们的“神舟”飞船每次只要十几亿元人民币到几十亿元人民币，价格上远远胜于航天飞机。另外，“神舟”飞船的安全性高，至今还未出过一次事故，但航天飞机至今已经出了2次事故，造成了14名宇航员的死亡。

7 被滥用的滴滴涕

这天，小龙崎跟龙叔叔到森林中探险，但路上不断有蚊子“攻击”他们，小龙崎的手和脸全都没能幸免，被叮得到处都是红红的包。“你们这些可恶的蚊子，我要拿强力的滴滴涕把你们都喷死。”看到小龙崎被蚊子逼成了这个样子，龙叔叔说道：“说说就好，可别真用这个滴滴涕，搞不好会使整片森林遭殃呢。”小龙崎不解地问道：“龙叔叔，滴滴涕是杀虫的，又不除草，怎么会让整片森林遭殃呢？”

滴滴涕，中文名称从英文缩写DDT而来，是不溶于水的白色晶体，化学名为“双对氯苯基三氯乙烷”，制成乳剂后是有效的杀虫剂，因而被广泛用于杀蚊子。滴滴涕面世时誉为“上帝赐予人类的最好礼物”。但物极必反，当人类越来越依靠滴滴涕的强力作用时，滴滴涕恐怖的一面逐渐显露。

滴滴涕高度稳定的化学结构使其在土壤中可以持续存在数十年。滴滴涕通过一种叫“蝗虫作用”的过程在大气中传播，可到达远离源地的区域。即使是北极熊和南极企鹅的血液中，都能够监测到DDT的残留物。而滴滴涕本就是一种有毒的化学物质，会对环境产生危害，而且这种危害无法估量。它可使鸟类的蛋壳变薄，使幼鸟大量死亡，作为美国象征的白头海雕、英国雀鹰等一大批珍稀鸟类都因此而濒临灭绝。

滴滴涕在二战后的美国被广泛使用消灭害虫。事实上，只要使用1磅DDT就可以除掉一英亩土地的所有的害虫，但人们都认为越多越有效，从而开始滥用DDT。在美国的许多地区，甚至出现了对每英亩的树林喷洒超过25磅剂量滴滴涕的情况。

另外，滴滴涕还可通过多种途径在环境中转化，如光解转化、生物转化、土壤转化等，除了能在哺乳动物体内进行代谢转化外，在鸟类、昆虫类、高等植物和微生物等体内也可进行各种转化。

小龙崎听后不禁叹气道："本来是多么有用的发明啊，结果被滥用后反而威胁到我们的生存环境了。"

不可不知的事

滴滴涕的由来

1939年，瑞士诺贝尔奖获得者化学家PAUL MULLER认识到DDT是针对昆虫的一种有效神经性毒剂。第二次世界大战中，为了对抗黄热病、斑疹伤寒、丝虫病等虫媒介染病，DDT开始被大量地以喷雾方式进行使用。在全球抗疟疾运动中，DDT起了十分巨大的作用。全球疟疾的发病得到了有效的控制是因为人类用氯奎治疗传染源，以伯胺奎宁等药作预防，再喷洒DDT灭蚊。在印度，10年内疟疾病例从7500万例减少到500万例。同时，DDT也使家畜和谷物的产量得到双倍增长。

8 咸海的生态灾难

一天中午，小龙崎跟龙叔叔去一家小餐馆吃午餐，结果小龙崎喝了一口汤就立马吐了出来，大喊道：“这汤怎么比咸海还咸啊？”一旁的龙叔叔忍俊不禁：“你呀，越来越可爱了！”小龙崎一边喝水一边说：“咸海肯定是因为咸才叫咸海的，到时候我要去看看那里的水是不是比这汤还咸。”“好啊，不过现在咸海已经慢慢在消失了，你要去就赶紧啊，不然就没机会了。”小龙崎听了大吃一惊：“那么大一个湖怎么会消失掉呢？”

咸海位于中亚，是一个内流咸水湖，是世界第四大水体，坐落于哈萨克和乌兹别克卡拉卡尔帕克斯坦自治共和国的交界处，主要水源来自阿姆河和锡尔河。曾经的咸海是世界上最大的内陆湖之一，但现在由于阿姆河和锡尔河的河水大量用于农业和工业，且 20 世纪 70 年代以来气候持续干旱，于是导致了湖面水位下降、湖面积急剧减小和湖水盐度增高，从而也就使得鱼产量减少，多种鱼类灭绝，湖盆附近地区大量干盐堆积，植物受到破坏。

当初，当地人为了农业丰收而改造当地的水流，却没想到这样的农业丰收是以牺牲环境为代价的，带来了无法想象的生态灾难。

首先是频繁的“白风暴”和“盐沙暴”。一方面，大面积干涸的咸海含盐浓度迅速增加，从1960年的11克/升增加到2001年的68克/升。另一方面，湖底盐碱裸露，在风力作用下，大量盐碱撒向周围地区，咸海周围地区的逐渐沙漠化，流沙迅速发展，形成“白风暴”和“盐沙暴”，每年都要发生几十起，且情况越来越严重。

其次是加剧了农田盐碱化。咸海地区每年从盐床（湖底、河滩）上刮起4000万～1.5亿吨的咸沙有毒混合物，然后从北向南吹去，吹向中亚草原，吹向农田和城镇，甚至覆盖了阿姆河河谷丰腴的农田，加剧了中亚地区农田的盐碱化，土库曼斯坦共和国80%的耕地出现了高度的盐碱化。

小龙崎听完后紧张地跳了起来：“龙叔叔，我们现在就去看咸海吧，不然以后就真的没机会了。”

龙叔叔微笑着说：“那你快吃饭，吃完后，我们好去咸海，顺便也去世界上最深的死海看看。”

不可不知的事

世界上最低最咸的湖

位于约旦和巴勒斯坦交界的死海，湖面海拔负422米，是世界上最低的湖泊，其湖岸也是地球上露出陆地的最低点。死海湖长67千米，宽18千米，面积810平方千米，是世界上最深的湖、也是最咸的湖。最深处湖床海拔负800米，湖水盐度达300克/升，是一般海水的8.6倍。

9 博帕尔中毒事件

这天，小龙崎跟龙叔叔站在马路边准备拦车，突然一辆车从他们身边开过，一团黑黑的尾气扑面而来，龙叔叔赶紧捂住了小龙崎的口鼻，等尾气散了才放开。小龙崎不解地问：“龙叔叔，干嘛要捂住我的鼻子啊？”龙叔叔解释道：“刚刚那些可是汽车尾气，含有氰化物，人体吸入后会中毒的。”小龙崎好奇地问：“什么是氰化物啊？”“氰化物是一种在工业中广泛应用的化学品，含有剧毒。虽然对生产有作用，但也有不少的危害。有一个惨痛的教训就是印度的博帕尔中毒事件。”

印度博帕尔灾难的影响很大，是历史上最严重的工业化学意外。1984 年 12 月 3 日凌晨，印度中央邦的博帕尔市的美国联合碳化物属下的联合碳化物（印度）有限公司设于贫民区附近的一所农药厂发生氰化物泄漏，造成了 2.5 万人直接致死，55 万人间接死亡，另外有 20 多万人永久残废。直到现在，当地居民的患癌率及儿童夭折率，仍然远比其他印度城市高。

一连串的证据表明，联合碳化物（印度）公司在事件的发生、发展以及善后过程中有着致命的错误，故而导致了这起迄今为止世界上最严重的中毒事件。在灾难发生的前一天下午危险就显现了。在例行日常保养的过程中，该公司杀虫剂工厂维修工人发生了失误，

使水突然流入到装有 MIC 气体的储藏罐内，而 MIC 是一种一旦遇水就会产生强烈化学反应的氰化物。所以，当水渗入载有 MIC 的储藏罐内，罐内产生了极大的压力，罐壁无法抵受压力，最终罐内的化学物质泄漏至博帕尔市的上空。

公司在管理这种放射性气体的时候过于自负，从来没有真正地担心这种气体有可能引发的一系列的问题。”事发当晚负责交接班工作的奎雷施说道。据调查，当时公司在杀虫剂销售方面出现了一些问题，于是尽力采取各种方法削减安全措施方面的开支。当常规检查的过程中出现险情时，杀虫剂厂的重要安全系统要么发生了故障要么被关闭了。

听到这里，小龙崎想了很久，最后叹了口气：“发达国家，就像美国，都喜欢把高污染的企业转移到发展中国家，破坏我们的环境。”

龙叔叔感慨地点了点头，“其实为了发展经济我们牺牲的已经够多了。当务之急不仅是国家要好好完善法律，规范中外生产企业的行为，我们自己也应该了解一些灾难下自救的知识，以防万一。”

不可不知的事

氰化物中毒抢救措施

对于氰化物中毒者要对症抢救。皮肤烧伤者，先用高锰酸钾溶液冲洗，然后用硫化铵溶液洗涤。呼吸衰竭者给予强心剂、升压药、呼吸兴奋剂、吸氧、人工呼吸等。要是有人中毒了，就把亚酸硝异戊酯 1 ~ 2 支击碎后倒入手帕，然后放在中毒者的口鼻前吸入，每 2 分钟一次，连用 5 ~ 6 次。对于吸入中毒的病患，要马上撤离现场，将其移到空气新鲜、通风良好的地方休息。口服中毒者，就用 1 ∶ 2000 高锰酸钾溶液洗胃，同时刺激咽后壁诱导催吐洗胃。

10 金贵的荷兰郁金香

晚上，龙叔叔带小龙崎去逛花市。因为是第一次去，这小家伙一路上问这问那，问题多得不得了：“龙叔叔，为什么有些花那么贵还有人买啊？”

龙叔叔煞有介事地说：“16 世纪的郁金香比这些还要贵呢。”

“那得多贵啊？”小龙崎好奇地问龙叔叔。

“别急，听我讲给你听。”龙叔叔摸摸小龙崎的小脑袋。

几百年前的郁金香那可是价值连城。1593 年，一位叫克卢修斯的园艺家在奥地利发现了郁金香，觉得这种花特别漂亮，于是把它的种子从维也纳带到了荷兰，在荷兰种下了郁金香。由于郁金香开出的花特别美艳，而且当时数量很稀少，于是郁金香把达官贵族们的注意力都吸引了过来。这种现象使投机者们看到了商机，郁金香的球茎开始被他们以高价收购，然后卖给这些贵族们赚钱。

因为这生意很好赚，所以举国上下，上至千万富豪，下至卖菜卖鱼的贫民，都加入了这一行列，甚至为了买到一枝郁金香球茎，有的人倾家荡产！总会有人愿意买下它，不管

价格有多高——这是这些人坚定不移的信念。到了1634年，这个投机活动把外国商人都吸引过来了。因为被无上限地提价，郁金香的价格越来越高。为了控制郁金香的交易市场，荷兰的郁金香商人们会在年底的时候组成行会。而越来越多人投资购入郁金香合同，郁金香的热浪一直持续着。

“买卖郁金香还要合同啊？”小龙崎问道。

龙叔叔点了点头。“除了以实物交易外，更多的人通过购入合同预定郁金香的球茎，也就是所谓的买空卖空。这样一来一往，大大降低了郁金香的交易成本。但是由于多次转手，郁金香价格也一浪比一浪高！曾有记载，一支最普通的郁金香球茎在1637年1月份的价格是64盾，但更加不可思议的是在短短的一个月后，原先的64盾变成了1688盾！那时只能用疯狂状态来形容整个荷兰国家。

当时阿姆斯特丹的投机交易所已经变成郁金香的球茎交易所了。1637年2月4日，在阿姆斯特丹以及各地的交易所里，所有买卖如常进行着，可是突然有人开始出售自己全部的郁金香合同。所有商人被这突如其来的举动吓坏了，由于没有人愿意当抛售郁金香合同的最后一个人，所以他们都开始争先恐后地抛售自己的郁金香合同。结果导致郁金香的价格在一瞬间跌到谷底。郁金香市场终于崩溃。”

不可不知的事

郁金香泡沫

郁金香泡沫又被称为“郁金香效应”，是毫无理性的投机活动的代称。在各种投机活动中，尤其金融投机活动中，如股票市场、期货市场等，人们就如荷兰郁金香商人对财富的追求一样趋于狂热、丧失理性；在泡沫最终破灭后，千百万人倾家荡产、一无所有。

11 阿斯旺大坝的罪与罚

小龙崎和龙叔叔的探险还在继续中。这一天风和日丽，小龙崎和龙叔叔来到了阿斯旺大坝考察。小龙崎面对宏伟的大坝感叹道：“这就是埃及曾经的骄傲啊，真的好雄伟啊！龙叔叔，为什么这个大坝被称为‘埃及曾经的骄傲呢’，其实，这座大坝这么宏伟，现在也应该很骄傲吧？”

龙叔叔眺望着远处的大河：“小龙崎啊，阿斯旺大坝可是世界七大水坝之一呢，不过它现在造成的影响已经远远超过它带来的好处了。正因为如此，它才被称为‘曾经的骄傲’。来，我带你仔细看看这大坝吧。”

20世纪初，一些专家为了调节河水流量，扩大灌溉面积，建议在埃及尼罗河上游修建高坝。当时，随着人口增长的加快，埃及可利用的自然资源越来越有限。而修建高坝利处很多。一是可以控制河水泛滥，存储河水，扩大可灌溉的耕地，从而适应迅速增长的人口；二是可以通过高坝产生巨大的发电能力来为工业化提供能源；三是可以发展内河航运和淡水养殖。所以修建尼罗河高坝被当时的埃及和专家们认为是高明之举。

事物总是利、弊皆有。同样，阿斯旺大坝从建设之初至今引发的争论从没停止过，很难说清楚谁是谁非，唯一的事实就是它给我们带来了深刻的教训。尽管阿斯旺大坝带来的经济效益很可观，但是随着时间的推移，它对生态和环境的破坏日益严重，大自然给予的惩罚、越来越明显。一是沿河流域可耕地的土质肥力持续下降；二是河水水质恶化，危害到以河水为生活水源的居民的健康；三是土壤盐碱化在两岸出现；四是河床遭受严重侵蚀，尼罗河出海口处海岸线内退；五是水生植物和藻类到处蔓延。人类总是对大自然索取太多，却从没正视过大自然对人类自私索取的惩罚。

小龙崎听完，再回头看看这片宏伟的建筑，也没有了之前的心情了。望着尼罗河蜿蜒的姿态，小龙崎自言自语道："什么时候人类才能合理地开发大自然啊？无休止地索求，最后得到的只有罪与罚啊！"

龙叔叔深以为然地点了点头，摸着小龙崎的头回答道："你可要好好学习，长大以后，好好保护我们的地球，别等罪与罚降临的时候才回过头来后悔！"小龙崎坚定地点了点头，紧紧握住了拳头。

不可不知的事

阿斯旺大坝使古埃及文物毁于一旦

不少古埃及文物存在于阿斯旺大坝库区，阿布·辛贝勒神庙也不例外。阿布·辛贝勒神庙坐落于尼罗河转弯处一座峭壁上。5000多年前，古埃及人从山体里开凿出这座神庙。庙宇规模宏伟，是古埃及十分重要的文物。高达20米、整体开凿而成的四尊巨大的古埃及法老的石头座像矗立在庙宇的正面，庙内墙上有战争场景的壁画每年10月和2月的22日太阳会射进庙宇，神殿深处的雕像上闪耀着太阳的光辉。在阿斯旺大坝建成后，这座宏伟的庙宇被轻而易举地淹没在纳赛尔湖底。千年文物毁于一旦！

四、医学中的
无奈

1 是药三分毒

小龙崎在和龙叔叔探险的时候着凉了，便赶紧从药箱里拿出几粒维C银翘片，正想要吃下去的时候被龙叔叔一把抢走了。龙叔叔严肃地对他说：“小龙崎，怎么能随随便便就吃药呢？只是着凉，多喝水休息就好了。俗话说：‘是药三分毒。’别随便吃药。”“龙叔叔，很多人都说感冒的时候吃点维C、感冒灵之类的就好了，难道这些药也是有毒的？”小龙崎不解地问道。

药物是一种化学物质，能够影响机体生理、生化和病理过程。我国古代就有“药之效，毒为之”的说法，就是说药物之所以有效正是因为它的毒性。当然，这里说的“毒”跟我们平常说的毒是有一定区别的：古代中医将药物的药效包含在“毒”中，而我们现在说的毒则是指药物的毒副作用。

在我国博大精深的中医理论中，常把药物的毒性分为大毒、常毒、小毒或无毒。《素问·五常政大论》中说：“大毒治病，十去其六；常毒治病，十去其七；小毒治病，十去其八；无毒治病，十去其九。”也就是说，大毒的药物治病时只要使病好六成就够了，不能用太多，

否则会适得其反。这样看来，即使是毒药，只要我们控制好了用量，它们也可以治病救人。探险的路上常遇到的毒蛇，只要把它们的蛇毒提炼出来之后就可以用药了。例如，比眼镜蛇还毒的眼镜王蛇的毒对癌症有一定的治疗功效！

小龙崎惊呼："原来事物都有两面性呀！"

"是呀，就连令人毛骨悚然的砒霜也有两面性哦！"龙叔叔答道。

不可不知的事

亦毒亦"友"的砒霜

砒霜，又名"信石""红矾"，是不纯的三氧化二砷（分子式 As_2O_3）。自古以来，砒霜就与"中毒""暴死"这样的词汇联系在一起，一提起它便会让人毛骨悚然。但实际上，古今中外，砒霜在医学和美容方面都发挥着惊人的作用。某些寄生性的疾病，"疑难杂症"如肿瘤特别是急性脊髓白血病、疟疾，梅毒等"疑难杂症"都可以被砒霜"以毒攻毒"所治愈。

2 无法彻底治愈的痛：感冒

一天，龙叔叔听到小龙崎的声音后问小龙崎的声音为什么听起来怪怪的，小龙崎便说自己感冒了。“哎，感冒是无法彻底治愈的痛啊！”龙叔叔无奈地说。小龙崎觉得很奇怪：“龙叔叔为什么说无法治愈呢？感冒的话不是吃药了就能好的嘛，能够治愈的啊！”

感冒伤风是上呼吸道卡他性疾病，由病毒、混合感染或变态反应引起，一般表现为鼻塞、流涕、打喷嚏、咳嗽、咽部不适及畏寒、低热等局部和全身症状。

另外，感冒还是一种俗称为“伤风”的急性传染性鼻炎，由呼吸道病毒引起，主要致病病毒是冠状病毒和鼻病毒。由呼吸道分泌物排出并传播病毒。当机体出现受凉、营养不良、过度疲劳、烟酒过度、全身性疾病及鼻部本身的慢性疾病影响呼吸道畅通等情况时，机体抵抗力下降，此时便容易诱发感染。感冒若无并发症，病程为 7 ~ 10 天。但起病时机体会特别不适，出现鼻痒、打喷嚏、全身不适或有低热等症状，之后渐渐鼻塞、嗅觉减退、

流大量清水鼻涕、鼻粘膜充血、水肿、有大量清水样或脓性分泌物等。

流感的传染性很强，这种病毒容易变异。患过流感的人，下次再遇上流感流行，仍然会感染。流感一般在冬、春季流行，每次都有 20% ~ 40% 的人会传染上流感。普通感冒起病较急，早期症状有咽部干痒或灼热感、喷嚏、鼻塞、流涕，开始为清水样鼻涕，2 ~ 3 天后变稠；虽然一般伴有咽痛，但是不会引起发热等症状；就算有也不过是低热、头痛，5 ~ 7 天便可痊愈。

小龙崎一边点头一边说："对对，我的感冒症状就是这样的，难受极了，不过过几天就好了，龙叔叔之前您为什么会说感冒是不可治愈的呢？"

龙叔叔说："感冒病毒是生存在人体细胞内的，而现在暂时没有药物可以直接杀死感冒病毒，最好的方法就是依靠人体的免疫系统。也就是说，感冒应以支持疗法为主，患者应特别注意休息、大量饮水、饮食清淡，这样可给免疫系统充分的体力支持。另外，感冒可能会引发细菌感染，所以也不可以随便使用药物治疗。其实在人体免疫系统杀死病毒后，绝大部分感染会自动痊愈。普通人盲目进行药物治疗反而会增强细菌的抗药性，不仅起不到好的作用，而且还不利于人体免疫系统发挥正常的作用。所以说，感冒是不能用药物治愈的。"

"那么，怎样对付感冒才是最有效的呢？"小龙崎又问道。

补充维生素 C，不发烧的时候可以喝橙汁，最好是自己买橙子鲜榨。另外，卧床休息，多喝温开水，多给身体一些时间。"龙叔叔答道。

不可不知的事

史上记载的流感

史上最早的流感被古希腊名医希波克拉底于公元前 412 年记载下来。到了 19 世纪，自 1173 年以来的历次类似流感的流行病发生的情况被赫希——德国医学地理学家详细地记述下来。史上第一次明显的流感发生在 1510 年的英国。史上大规模流感则大致发生在 1580 年、1675 年和 1733 年。其中，最早详尽描述流感大流行的是 1580 年，从此以后，共有 31 次流感大流行被记载在文献中。流感危害很大。1742 ~ 1743 年的流行性感冒波及 90% 的东欧人，1889 ~ 1894 年席卷西欧的俄罗斯流感也造成了很高的死亡率。

3 顽固的糖尿病

小龙崎和龙叔叔继续着他们的探险活动，一天，他们经过一家医院，看到墙上贴着一则广告，上面写着：“专治糖尿病。”

小龙崎很好奇：“龙叔叔，我听人家说糖尿病好难治的，到底什么是糖尿病呢？”

“小龙崎，糖尿病是很难治愈，但是病情是可以控制的。”龙叔叔说道。

糖尿病在内分泌代谢性疾病中是比较常见的。患病的原因是人体血液中的胰岛素不足，导致血糖偏高，从而出现糖尿的病变，进而引起脂肪和蛋白质代谢紊乱，主要表现为多饮、多食、多尿、烦躁、口渴、消瘦等症状，病情重的可能发生急性并发症如酮症酸中毒等，或者是发生血管、神经等慢性并发症。

因为血糖在人体内要发挥作用的话，只能通过胰岛素的调节和控制。胰岛素是由胰腺分泌所产生的，胰腺分泌的胰岛素少了或者是质量不好，都会造成血糖偏高，有些会通过尿液排出体外，因此就患了糖尿病。所以有时候医生会想办法让人体分泌更多的胰岛素，比如说使用一些药物来刺激人的胰腺，以此来满足调节和控制血糖的需要。然而，胰腺是人体的器官，经常用药物来刺激也会产生副作用，胰腺的功能会逐渐损伤殆尽，甚至再也

不能再分泌胰岛素了！

还有一种方法是用食物进行治疗。尽量减少人体因食物的摄入而产生的糖分。但是这又容易导致营养不良的现象，减弱人体的抵抗力和免疫力，身体反而更加容易受到损伤。因此要彻底地治愈糖尿病的话，这种方法是不行的！

“这么可怕！那还有没有其他的有效的治疗方法呢？”小龙崎更加好奇了。

龙叔叔说：“另外一种比较有效的治疗方法是将人工提取的胰岛素注射进入人体内，以弥补胰腺分泌的胰岛素的不足。这种方法挽救了很多糖尿病患者的生命。一般患者在患病早期的时候，医生就会建议患者先打胰岛素，这样可以让胰腺得到充分的休息来恢复分泌胰岛素的功能。然而，这种方法也有一个弊端，即注入胰岛素的量非常难以控制，容易造成血糖偏低。所以在使用的过程中要非常注意控制胰岛素的使用量。”

不可不知的事

胰岛素的发现

胰岛素于1921年由加拿大人班廷和贝斯特首先发现。1922年开始用于临床，使过去不治的糖尿病患者得到挽救。19世纪80年代之前，用于临床的胰岛素几乎都是从猪、牛胰脏中提取的。不同动物的胰岛素组成均有所差异，猪的胰岛素与人的胰岛素结构最为相似，只有B链羧基端的一个氨基酸不同。19世纪80年代初，医学界成功地运用遗传工程技术由微生物大量生产人的胰岛素，并已用于临床。

4 别小看酒精依赖症

龙崎的问题

今天是除夕夜，小龙崎一家围在一起吃团圆饭，大家都很开心。小龙崎看到桌上大人们的酒添了又添，于是对喝酒起了兴趣，表示自己也想试一试酒的滋味。

龙叔叔给小龙崎倒了一点酒，说道：“喝吧！趁今天大家都开心！不过你可不能多喝啊，小心患上酒精依赖症！”小龙崎觉得很疑惑：“什么是酒精依赖症呢？”

人们历来都喜欢在有兴致的时候喝酒，开心时以酒助兴，愁苦时借酒浇愁，无聊时抱酒度时。事实上，饮少量或适量的酒对人体有一定好处，能缓解焦虑、愉悦心情。但是，一部分人的酒量会随饮酒时间的加长而增加，严重的则会患上酒精依赖症。值得指出的是，21 岁以下的青少年绝对不能饮用含有酒精的饮料，因为他们容易对酒精产生依赖，更易患上酒精依赖症。

酒精依赖症就是我们常说的慢性酒精中毒，它是因长期过量饮酒引起的中枢神经系统严重中毒。这种中毒造成以心、肝、神经为主的合并躯体损害，常表现为肝硬化、周围神经病变和癫痫性发作，亦有中毒性神经障碍和酒精中毒性脑病等表现。从表面上看，患者对酒十分渴求，有需要经常饮酒的强迫性体验；当饮酒停止时，患者坐立不安，出现肢体震颤、恶心、呕吐、出汗等症状，而恢复饮酒后这些症状会迅速消失。

经常看到一些患有酒精依赖的人因为饮酒给自身的健康、家庭的和睦以及工作带来很多不良影响，甚至在酒后出现一些违法的行为。虽然这类患者会对自己的行为感到后悔、内疚，却很难彻底戒酒。因为酒精信赖症患者的机体对酒精相当敏感，很难仅仅依靠自身毅力就能戒酒成功。

不可不知的事

克服酒精依赖的方法

要克服酒精依赖，必须有戒酒的强烈愿望，而且要不懈努力。为保证彻底戒酒，在这个过程中一定要滴酒不沾，不能说“喝少点能控制酒量”或者饮用较低浓度的酒。在完成医生指导的脱酒治疗后，还要长期接受心理或精神方面的治疗及防复饮药物治疗等康复性治疗。另外还可参与一些自助的康复组织的活动。

5 陷人于绝境的艾滋病

小龙崎在电视新闻中看到在非洲地区，每天都有不少人感染艾滋病毒并迅速死亡。小龙崎感到很害怕，他问龙叔叔："什么是艾滋病呢？为什么得了这种病毒的人会死亡呢？"

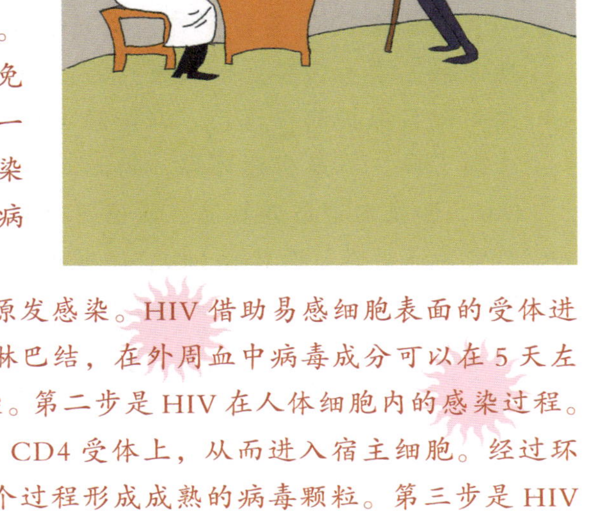

1983 年，人类首次发现艾滋病毒（HIV）。艾滋病又称"获得性免疫缺陷综合征"，是一种导致人类免疫缺陷，并引发一系列机会性感染及肿瘤，并最终可能导致死亡的综合征。艾滋病毒严重威胁人类健康。

艾滋病病毒感染过程分为三步。第一步是原发感染。HIV 借助易感细胞表面的受体进入人体细胞，并且在 24 ~ 48 小时内到达局部淋巴结，在外周血中病毒成分可以在 5 天左右被检测到。接着产生病毒血症，导致急性感染。第二步是 HIV 在人体细胞内的感染过程。HIV-1 感染人体后，选择性地吸附于靶细胞的 CD4 受体上，从而进入宿主细胞。经过环化及整合、转录及翻译、装配、成熟及出芽几个过程形成成熟的病毒颗粒。第三步是 HIV

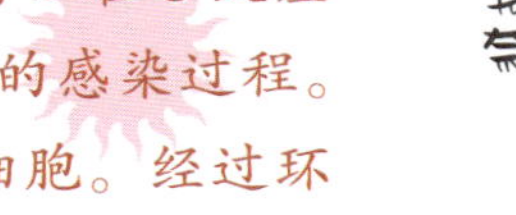

感染后的三种临床转归。HIV 形成慢性感染的原因是病毒不能被机体的免疫系统完全清除，临床表现为三种转归，分别是典型进展者、快速进展者和长期不进展者。艾滋病并不会直接致人死亡，只会使人免疫力下降，最终患者患其他病死亡。

“那人们找到对付它的办法了吗？”小龙崎问道。

龙叔叔摇摇头：“艾滋病到现在都没有找到有效疫苗！有科学家表示，尽管 HIV（艾滋病病毒）疫苗的研制工作已经有 24 年历史，但疫苗研制成功的希望依然‘非常渺茫’。大卫·巴尔的摩教授是美国科学促进协会会长，是该疫苗研制工作的领头羊。可是他在接受媒体访问时沮丧地表示：尽管科学家一直在坚持不懈。但研制成功的希望‘非常渺茫’。”

不可不知的事

艾滋病的传播途径

感染者的阴道分泌物、乳汁、精液、血液中都会存在 HIV 病毒。艾滋病传播途径主要有四种：一是性行为，即与已感染的伴侣（包括同性、异性和双性）发生没有保护的性行为。二是静脉注射，即使用被感染者使用过的、未经消毒的注射工具。三是母婴传播，指胎儿及婴儿会通过怀孕、生产和母乳喂养过程感染 HIV。四是血液及血制品，包括器官移植、皮肤移植和人工授精。值得一提的是，日常生活接触不会传播 HIV，如握手，同吃同饮，礼节性亲吻，拥抱，共用办公室、厕所、娱乐设施、公共交通工具、浴室等。

6 戒不掉的毒瘾

学校组织观看了一场青少年远离毒品的教育电影，回来之后小龙崎一直闷闷不乐。因为他在电影中看到那些吸毒的人真的想远离毒品，但是毒瘾一上来，他们就不能自控了，还是继续选择了毒品。

龙叔叔知道小龙崎的烦恼后，对小龙崎说："毒瘾是很难戒断的。""那是为什么呢？"小龙崎问道。

科学家研究发现，当吸毒者注入、吸入或吞下毒品时，多巴胺的传递距离被缩短，因为一道直线在大脑中的快乐神经圈中画出，如此大脑中的快乐感受被大大加强，每种毒品都有不同的刺激脑细胞的方法。比如可卡因，它通过迅速入侵携带多巴胺的细胞，霸占并且占满本来属于多巴胺的位置，使多巴胺找不到结合的空间，只能被迫与快乐接收器结合，从而启动"快乐机制"。又比如海洛因，并没有它直接刺激多巴胺所在的神经游走细胞，使其释放多巴胺，而越多的多巴胺被释放就意味着越强烈的快感。这与香烟中的尼古丁的作用原理相似。

"那龙叔叔的意思是不是就是毒品会破坏人的神经细胞？"小龙崎紧张地问道。

龙叔叔点点头："也可以这么说，毒品本身对身心有两大主要危害。一是反复用药造成的强烈的身体依赖性。毒品使人体机能产生适应性改变，形成药物作用下的新的平衡状态。只要药物被停掉，人体机能就会发生紊乱，出现使人感到非常痛苦的戒断反应。为了避免戒断反应，吸毒者就必须定时并且不断加大剂量地用药。

二是精神依赖性。毒品作用于吸毒者的精神系统使吸毒者产生渴求用药的强烈欲望。即使经过脱毒治疗，在急性期戒断反应基本控制后，出现精神依赖的吸毒者往往需要数月甚至数年的时间才能完全康复原有生理机能。中间很多吸毒者因为忍受不了痛苦，又走上吸毒的老路，一而再、再而三地反复吸毒。

这两大危害就是毒瘾很难戒断的主要原因。另外还有一个原因。吸毒者脱瘾治疗后难以避免地会受到各种挫折及其他精神刺激，如一般人都会遇到的家庭问题、经济问题、工作问题等。因为他们稳定性差，缺乏自信心，遇到这些事相比他人更容易引起悲观、心烦、沮丧等消极情绪，从而导致重复吸毒，以求缓解精神压力。”

不可不知的事

毒品在中国的流传

奴隶社会时，人们种植、采集毒品原植物用于医治疾病或宗教、部落的庆典活动和消遣取乐。这时毒品还未伤害到中国。9世纪，唐朝国都长安输入作为药品的罂粟。清末，西方资本主义国家向中国大肆倾销鸦片，并引发了两次鸦片战争，从此，毒品在我国才真正成为“毒品”。

7 “反应停儿童”事件

小龙崎与龙叔叔走在路上，听到人家说“反应停”，便很好奇地问龙叔叔到底什么是“反应停”。

龙叔叔不禁笑着说：“小龙崎，你的耳朵也太好使了吧？怎么就听到了“反应停”了！”

“龙叔叔，您就别管我耳朵好使不好使了，赶快告诉我，到底什么是‘反应停’，又发生了什么事啦？”

龙叔叔来揭密

“反应停”是一种镇静剂，与抗麻风药同用，对于治疗各型麻风反应，如发热、神经痛、淋巴结肿大关节痛、结节红斑等有一定疗效。

“反应停”本来已经被停止使用，因为它曾是一种造成巨大灾难的药物。20 世纪五六十年代，“反应停”被广泛使用于全世界。因为它能够有效地阻止女性怀孕早期的呕吐。但是由于它妨碍了孕妇对胎儿的血液供应，所以，它导致了大量“海豹畸形婴儿”的诞生。

这些畸形婴儿的手和脚直接连在身体上，没有臂和腿，很像海豹的肢体。除上述畸形外，还有其他畸形的发生。后来医学研究显示“海豹胎”的病因正是由于妇女在怀孕初期服用了“反应停”。仅仅到了 1963 年，在世界各地由于服用该药物诞生的“海豹肢畸形儿”就有 12000 多名。

小龙崎睁大眼睛说：“啊，真是太可怕了。‘反应停’肯定被禁用了吧？”

龙叔叔点点头：“是啊，当时‘反应停’被禁用了，但英国医学专家发现，‘反应停’对小细胞肺癌有疗效，且早期试验的结果收效甚好。于是，伦敦大学学院的科学家在英国癌症研究机构支持下主持一项大规模临床试验，用‘反应停’结合化疗的方法治疗小细胞肺癌，并且招募 400 名病人参加。

不可不知的事

20 世纪最大的药物灾难

“反应停儿童”事件因为其影响的严重性，被称为“20 世纪最大的药物灾难”。20 世纪 60 年代，为了治疗妇女的妊娠反应，欧美很多国家的医生都建议使用“反应停”。所以，“反应停”在这一时期被大量生产和销售。仅仅在当时的联邦德国，服用过“反应停”的妇女就有 100 万人，“反应停”销量惊人，每月高达 1 吨。1959 年，西德很多地方出生畸形婴儿，这些婴儿手脚异常，生下来就残疾了。一些科学家对这一现象进行调查后发现，“反应停”是儿童畸形的罪魁祸首。这一发现让全世界都震惊了，公众表现出极大的愤怒。在强大的舆论压力下，“反应停”的销售者最终给受害者支付了赔偿。一些生产了具有致畸作用的“反应停”药片的制药厂也最终落得个倒闭的下场。

8 可怕的疯牛病

一天，小龙崎跟龙叔叔在家看电视，突然看到新闻报道说：“欧洲又一次大规模爆发疯牛病，已致近20人死亡。”

龙叔叔不禁感叹说：“疯牛病真是太可怕了，这次爆发，不知道又得死多少人了！”

小龙崎很紧张地问道：“龙叔叔，什么是疯牛病，为什么那么可怕呢？”

疯牛病首次被发现是在1985年4月的英国。在英国，每年都有数以万计的牛因感染疯牛病而痴呆、神经错乱，甚至死亡。

疯牛病经常发生在成年牛（4岁左右）的身上。它的潜伏期长达4～6年，病程一般为14～90天。主要症状为：病牛中枢神经系统出现变化，烦躁不安，行为反常，对触摸（尤其是头部触摸）和声音敏感过度，经常出现乱踢以至摔倒、抽搐等步态不稳的情况。专家解剖发现，病牛中枢神经系统中部分形成海绵状空泡的脑灰质，脑干灰质两侧形成对称性病变，神经细胞肿胀成气球状，细胞质变窄，中等数量的不连续的卵形和球形空洞出现在神经纤维网中。除此之外，还发现明显的神经细胞变性和坏死。

具有两百余年历史的痒病是绵羊所患的一种致命的慢性神经性机能病。经研究证实，疯牛病的起因是痒病传到牛身上。但是，导致痒病的根源至今在医学界还未被发现，所以难以确定疯牛病的病原。

“哦，那我明白了，因为没法确定疯牛病的病原，所以暂时也没法从根本上解决疯牛病的问题。”小龙崎说道。

龙叔叔点点头说道：“是的。”

小龙崎又好奇地问道：“那疯牛病是怎么感染人的呢？”

龙叔叔说：“人感染病毒会通过三种途径。一是食用感染了疯牛病的牛肉（特别是从脊椎剔下的肉）及其制品如德国牛肉香肠；二是某些使用动物原料做成分营养品、化妆品，疯牛病病毒可能包含在其中；三是一些科学家认为‘疯牛病’是环境污染直接造成的，超标的金属锰是‘疯牛病’的病因，人类感染疯牛病患‘克－雅氏病’也是因为如此，而不是食用感染疯牛病的牛肉。”

“那要怎么预防疯牛病呢？”小龙崎追问道。

龙叔叔说：“目前还没有有效的治疗方法处理疯牛病，只能坚决宰杀感染了疯牛病的牛并对其进行焚化深埋处理。但也有人认为即便如此做，疯牛病病毒仍然存在于焚化后的灰烬中，所以病毒还是有可能会传播的。”

不可不知的事

疯牛病的预防和治疗

大脑中健康的蛋白质分子会被疯牛病病毒的蛋白质分子感染，导致肌体和脑组织受损，从而致使患者很快死亡。研究人员从实验鼠的脑细胞中提取到了一种特殊物质。这种物质使感染了病毒的实验鼠在依旧可以很好地存活的情况下，可以利用这种物质制成疫苗来预防和治疗疯牛病。

9 原发性高血压之谜

小龙崎跟龙叔叔走在路上，突然看到前面围了很多人，而救护车也从他们身边呼啸而过。

小龙崎跟龙叔叔赶紧走上前去，刚好看到医生将晕倒在地的人抬上担架，送进救护车。小龙崎听到旁边的人在窃窃私语，便问龙叔叔：“龙叔叔，我听旁人边的说那人是因为原发性高血压晕倒的。什么是高血压啊？为什么那人会晕倒？”龙叔叔笑了笑，开始了他的解说。

通常我们会把不明原因导致血压升高的情况称为“原发性高血压”。美国高血压学会（ASH）2005年为高血压作了新定义，认为高血压是处于不断进展状态、且有许多病因的心血管综合征，血管和心脏功能与结构的改变是患了这种病的后果。这个定义更准确地说明了由高血压引起的心血管系统和其他器官的病理的特点。因此，最大限度地降低心血管的死亡和病残成为原发性高血压治疗的主要目的。

“既然原发性高血压没有找到病因，那么要怎么对它进行治疗呢？”小龙崎问道。

“还是有一定的治疗办法的。”龙叔叔摸摸小龙崎的头，慢慢说道：“由于高血压是一种进行性的‘心血管综合征’，并且特征是动脉血压持续升高，经常伴有器官损害或临床疾患等其他危险因素，因此需要用综合干预的方法来治疗。

对于抗高血压的治疗，大多数患者需坚持长期甚至是终身治疗。一般抗高血压治疗有两种方法，分别是非药物治疗和药物治疗。药物治疗除了定期给药，还要做到长期平稳有效地控制血压，定期测量血压，尽可能实现降压达标，规范治疗，改善治疗依从性。

非药物治疗实际上是改变生活方式的治疗，即戒掉不利于身体和心理健康的行为和习惯。具体应该做到以下几点：增加体育运动，减少钠盐摄入，不吸烟，控制体重，限制饮酒，减轻精神压力，保持心理平衡。非药物治疗可以降低血压，提高降压药物的疗效，还可以预防或延迟高血压的发生，达到降低心血管风险的目的。”

不可不知的事

“三高症”的由来

我们常说的“三高症”，是现代社会派生出来的“富贵病”，主要指高血压、高血脂症和高血糖。它们可能单独存在，当然也可能相互关联。出现这三种疾病中的任何一种，都有可能在后期形成“三高症”。为什么这么说呢？举例来说，高血压或高血脂经常青睐于糖尿病人，而动脉硬化形成和发展的主要因素正是高血脂，动脉硬化患者又会因为血管弹性差而加剧血压升高。“三高症”由此而产生。

10 无法根除的慢性肝炎

小龙崎与龙叔叔走在路上，在墙上看到一则小广告，上面写着：“治疗慢性肝炎，请到××医院，包您永不复发。”

小龙崎便又开始了他的好奇之旅：“龙叔叔，什么是慢性肝炎？那个医院真厉害啊，能根除这种病呢！”

“小龙崎，你别被这些虚假的信息给欺骗了。就目前的医术来说，慢性肝炎是无法根除的。”龙叔叔回答说。

“这是为什么呢？为什么慢性肝炎没法根除呢？”小龙崎继续问道。

慢性肝炎的病因有很多，如感染乙肝或甲肝的肝炎病毒、长期饮酒、服用肝毒性药物等。慢性肝炎临床上无明显症状，其病程至少持续超过6个月，呈波动性或持续进行性，若治疗失当，部分患者可进展为肝硬化。

慢性肝炎的共同特征是肝功能反复波动，迁延不愈；肝组织呈现慢性纤维化，因为有不同程度的坏死和纤维结缔组织增；病情恶化的结果为肝硬化。治疗方法均需要保肝和抗纤维化。

慢性肝炎的预后效果取决于其病因、诊断时的病变状态、疾病的进展以及治疗是否及时和合理，因此差别很大。通过抗病毒治疗，可以控制慢性乙肝、慢性丙肝病毒的复制，从而达到控制病情进展的目的。至于酒精性肝病，戒酒十分重要，如果戒酒后积极治疗肝病，则病情会有好转；如果只是治疗，但不戒酒，则病情不会好转，严重的还会发展成为肝硬化甚至肝癌。自身免疫性肝炎容易波动复发，其远期预后较差；药物性肝病的预后则一般较好。

“那这么说来慢性肝炎是无法根治的喔，只能让它暂时不复发。那该怎样治疗呢？”小龙崎问道。

龙叔叔回答道：“慢性肝炎治疗中最重要的原则是根据不同的病因去除病灶。另外，慢性乙肝病毒携带者通常不需要治疗，但是需要定期体检复查。其治疗包括保肝、预防肝癌、抗病毒去除病因、抗纤维化等多个方面。

对于饮食，慢性肝炎并无无特殊要求，只要多食用新鲜蔬菜水果、少食用油炸食品、禁烟禁酒、保持营养均衡就可以了。另外，一些含有多种维生素矿物质成分的保健品能够改善肝脏营养，提高免疫功能，如蜂胶、鲜王浆、虫草制剂、螺旋藻等。”

不可不知的事

肝炎的传染性

甲型、乙型、丙型、丁型和戊型肝炎等病毒性肝炎是具有传染性的肝炎。它们以肝脏为侵袭对象，使肝脏产生病变，病状大致相似。属于急性病症的甲肝和戊肝病程较短，一般可以自愈或治疗痊愈，多由饮食、消化道感染引起。属于慢性病变的乙肝和丙肝则病情缠绵，严重者会导致肝硬化甚至肝癌。至于传染途径，乙肝一般是垂直传播和血液传播；丙肝为静脉吸毒和输血传播。酒精性肝炎、自身免疫性肝炎和药物性肝炎等肝炎在生活中较常见到，但不具有传染性。

11 慢性咽炎很复杂

“龙叔叔，您怎么了？是不是喉咙不舒服啊？怎么老是不停地咳嗽。”小龙崎听到龙叔叔咳嗽后关心地问。

“我喉咙不舒服，估计是慢性咽炎又发作了。”龙叔叔答道。

“什么是慢性咽炎呀？”小龙崎听完之后很惶恐地问。

“慢性咽炎病因复杂，听我慢慢告诉你。”龙叔叔回答说。

咽黏膜、淋巴组织及黏膜下的慢性炎症被称为“慢性咽炎”。慢性咽炎属常见病，具有病程长、症状易反复发作等特点，包括慢性单纯性咽炎、慢性反流性咽炎、萎缩性及干燥性咽炎、慢性肥厚性咽炎、慢性过敏性咽炎五种种类。咽淋巴组织炎症多属于局限性咽部炎症，而弥漫性咽部炎症则多为上呼吸道慢性炎症的一部分。

导致慢性咽炎的原因有许多。一是由某些炎症引起。如由于咽部邻近的上呼吸道如鼻腔、鼻咽部、鼻窦的慢性炎症病变，炎性分泌物经后鼻孔倒流至咽部刺激咽部黏膜引起；又如慢性鼻炎、慢性鼻窦炎、腺样体肥大、鼻中隔偏曲、鼾症或鼻腔鼻窦及鼻咽部占位性病变等疾病使患者不得不长期张口呼吸，从而导致咽部黏膜长期过度干燥，继而引起慢性咽炎；再如也会因为慢性扁桃体炎的慢性炎症直接蔓延至咽后壁而引起该病。另外，口腔炎症，若得不到及时控制，一旦炎症扩散等都会导致慢性咽炎。

二是环境气候因素。温度、辛辣刺激性食物、放射性照射、湿度的变化、烟酒刺激、有害气体、粉尘及空气质量差也可导致慢性咽炎。

三是职业因素。比如教师、歌唱者长期大量用声，患此病概率较高。

四是身体健康因素。与萎缩性及干燥性咽炎相关的有内分泌紊乱、臭鼻杆菌及类白喉杆菌的感染、自主神经失调、维生素缺乏及免疫功能紊乱等。而贫血、消化不良、支气管哮喘、风湿病、胃食道反流、慢性支气管炎、心脏病、肝肾疾病等也会引发慢性咽炎。

五是过敏因素。工作环境中的化学刺激物、药物、食物过敏、包括季节性与常年性过敏原的吸入性过敏都会引起变应性咽炎。

“这么多的情况都有可能导致咽炎，那在龙叔叔您知不知道您属于哪种呢？”小龙崎说道。

“慢性咽炎的病因太复杂了，我也不知道到底我的咽炎是因为哪种因素引起的。”龙叔叔苦笑道。

不可不知的事

小小咳嗽在高原也是可怕的

2012年，旅藏途中，女驴友金玲身体出现不适。原以为是轻微的咽喉炎，因为有小小的咳嗽，就没当回事，但是没想到她咳了一整夜。后来金玲的身体越来越虚弱，需要不断吸氧。当车开到普兰县一个边防站时，她口吐白沫，晕了过去。司机和战士用尽了全力对金玲进行急救，最终却回天乏术。在高原，为什么一个小小的咳嗽会那么可怕？原来在高原，因为氧气不够导致人处于缺氧状态，容易感到疲劳，抵抗力也会下降。而咳嗽、咽喉痛等呼吸道感染会导致缺氧更加严重，严重时会引发心脏衰竭。所以不要忽略小小的咳嗽，它有时足以致命！

12 致命的恶性肿瘤

小龙崎跟着龙叔叔来到医院看望龙叔叔的朋友。在龙叔叔与朋友交谈的过程中，小龙崎便随意玩耍。在回去的路上，小龙崎问龙叔叔："龙叔叔，什么是恶性肿瘤啊，这种病是不是很难治愈呢？"

"你这小鬼灵精怪，又从哪儿听来的啊？"龙叔叔反问道。

"我在医院听到一个跟我差不多大的孩子在哭，我就问他怎么了。他说他妈妈因为恶性肿瘤去世了。我听了也觉得好伤心，就想知道到底什么是恶性肿瘤，能不能治好。"小龙崎回答道。

人们通常会把细胞异常快速增殖，并且会发生扩散转移的肿瘤称为"恶性肿瘤。"

肿瘤有两种，分为良性肿瘤和恶性肿瘤，恶性肿瘤就是人们一般所说的癌症。从组织学上讲，恶性肿瘤分为非上皮性的肉瘤、上皮性的癌及血液瘤。通常医生会根据临床的预后判定是良性肿瘤还是恶性肿瘤。在实际操作的过程中，常常发生两者难以严格区别的情况。因为各个肿瘤细胞所处的环境条件也决定了其到底是良性的还是恶性的。由于难以区分，有的专家认为良性肿瘤和恶性肿瘤之间存在一个连续的阶段。另外，前列腺腺瘤、血管球瘤、乳腺纤维腺瘤、子宫肌瘤等良性肿瘤实际上是组织增生，它们和内分泌、神经等机体调节机制有密切关系，基于这一点，有的学者又认为这些良性肿瘤和恶性肿瘤是有质的区别的。

“那么为什么恶性肿瘤难以根除呢？”小龙崎问道。

龙叔叔说：“恶性肿瘤手术时难以被彻底切除。因为它质地坚硬，表面不光滑，不易活动，常较固定，而且和周围组织并没有一个清楚的界线，造成了彻底切除的难度。另外，即使切除了，恶性肿瘤也容易复发。”

“那么怎样才算彻底地治愈呢？”小龙崎又问。

龙叔叔说：“一般恶性肿瘤是没有彻底治愈一说的，因为肿瘤很难完全被根除。而要说到基本治愈，也要在连续观察治愈后的恶性肿瘤五年以上，身体健康状况良好，并且医生检查结果显示患恶性肿瘤的部位没有复发，转移的迹象也没有发生在身体的其他器官或部位，这样的情况下才算基本治愈。”

不可不知的事

良性肿瘤与恶性肿瘤的区别

机体内某些组织的细胞发生异常增殖，呈膨胀性生长且生长比较缓慢的肿瘤就是良性肿瘤。良性瘤体多呈球形、结节状，并且可挤压周围组织。虽然瘤体会不断增大，但是邻近的正常组织却不会被侵入。由于瘤体周围常形成包膜，因此与正常组织有明显的分界。如果用手触摸或推它，瘤体可以移动。所以，手术时良性肿瘤很容易被切除干净，并且摘除后也不转移，很少有复发情况发生。良性肿瘤除生长在要害部位外，一般影响不大。而恶性肿瘤无论生长在何处，对机体影响都很大，甚至导致人死亡。

13 让人又爱又恨的吗啡

“龙叔叔，您听说过吗啡没？是不是跟咖啡一样有着香香的味道可以喝啊？”小龙崎一见到龙叔叔便大声地问。

龙叔叔惊愕了一下，问：“小龙崎，你说的是什么啡？吗啡？”

“是啊，我说的是吗啡，这是一种什么东西呢？”

“吗啡啊，吗啡这种东西发明之后，带来了意想不到的结果。”龙叔叔似乎陷入了沉思中。“有哪些意想不到的结果啊？龙叔叔您快告诉我吧。”小龙崎不断地问龙叔叔。

吗啡是一种麻醉药品，属于阿片类生物碱，是阿片受体激动剂，适用于晚期癌性重度疼痛或急性剧烈疼痛，连续使用 1 周以上就会产生依赖性。按世界卫生组织三阶梯止痛原则，假如做到口服给药，按需、按时、剂量个体化，一般不会使重度疼痛的晚期癌症病人成瘾。若使用过量会引起中毒，成人中毒量为 60mg，250mg 则是致死量。

吗啡适用于以下这些症状：一是镇痛，晚期癌症病人的三阶梯止痛或者短期用于其他镇痛药无效的如手术、创伤、烧伤的剧烈疼痛等急性剧痛。二是心肌梗死，可以镇静和减轻心脏负荷，缓解恐惧情绪的作用，常用于血压正常的心肌梗死患者。三是暂时缓解心源性哮喘的肺水肿症状。四是在麻醉和手术前给药可以让病人安静并进入嗜睡状态。

“看来，吗啡就是普通的药啊，为什么说它会带来意想不到的结果？”小龙崎问。

龙叔叔说：“人们使吗啡从药品变成了毒品，因为吗啡被利用制成了鸦片跟海洛因。作为药物，如果将吗啡长期或过量使用会造成药物依赖性，而作为毒品吸食则会对人体产生十分严重的损伤甚至会导致死亡。由吗啡制成的鸦片和海洛因，吸食之初会有快感，但是会产生梦幻现象，导致无法集中精神，心理及生理高度依赖。长期使用后一旦停止，则会有一系列戒断症发生，包括渴求药物、发抖、寒战、流汗、不安、流泪、易怒、打冷战、身体蜷曲、抽筋、厌食、便秘、流鼻水、腹泻等。过量使用则会引发昏迷、呼吸抑制、低血压、瞳孔变小，甚至会导致人直接死亡。”

不可不知的事

世界最大的毒品生产地——金三角

世界三大毒品源是金三角地区，阿富汗、巴基斯坦、伊朗边境的金新月地区和哥伦比亚、委内瑞拉交界的银三角地区。金三角位于东南亚泰国、缅甸和老挝三国边境地区的一个三角形地带，是世界上主要的毒品产地。罂粟在金三角盛产，并被当地军阀、毒枭用于制造海洛因、鸦片等毒品。

14 当心慢性疲劳综合征

“漫长的探险活动使小龙崎有些吃不消，他最近时常感到疲劳，于是向龙叔叔请教。

“龙叔叔，为什么最近我经常觉得累呢？是不是得了慢性疲劳综合征呀？”

龙叔叔哈哈一笑，说：“小龙崎怎么会得慢性疲劳综合征呢？最近我们的探险比以前辛苦，感到疲劳是正常的，可不是什么慢性疲劳综合征哟。小龙崎呀，你是怎么知道‘慢性疲劳综合征’这个专业名词的呢，想知道它的真正含义吗？”小龙崎点点头：“当然想！”

慢性疲劳综合征有许多别名，如慢性伯基特淋巴瘤病毒（EBV）、慢性类单核白血球增多征、雅痞征等等。慢性疲劳综合征的症状很多，某些症状与感冒及其他病毒感染相似，因此慢性疲劳综合征容易被误认为臆想病、忧郁症，或精神引起的身体疾病。

包括极度疲劳，淋巴结肿大，发烧，失去食欲，喉咙痛，小肠不适，黄疸，复发性上呼吸道感染，头痛，痉挛，肌肉与关节痛，心理上焦虑、烦躁、情绪不稳、忧郁从而睡眠中断，暂时失去记忆力，无法集中注意力，对光及热敏感等。

“那这个病有什么危害呢？”小龙崎问道。

龙叔叔说：“慢性疲劳综合征对人的危害主要表现在以下几方面：一是患者会感到疲惫、乏力，身体失衡，因为人体的体力、体能会被慢性疲劳综合征严重地损伤到；二是慢性疲劳综合征会引起免疫功能低下，因为它会导致人体的免疫系统功能与调节失常；三是导致胃肠道功能受损，血液淤滞，蠕动减弱；四是使血流缓慢，血液沉滞，机体萎靡，活动减少，从而心血管系统会因此发生各种程度的病变；五是扰乱人体生殖系统功能，导致其异常；六是，出现耳鸣、听力下降等症状。”

“既然慢性疲劳综合征的危害这么大，那我们该怎么预防呢？”小龙崎又问道。

龙叔叔说：“预防慢性疲劳综合征要做到勤洗澡，少吃甜食，多喝水，多吃新鲜蔬菜，及时补充适量的嗜酸菌，同时要养成良好的作息习惯、注意休息。”

不可不知的事

哪些不良习惯会使人感到疲劳

抽烟，会导致疲劳，因为它会阻碍氧气输送到各组织。咖啡会消耗维生素B群，所以尽管能提神，却不利于神经、肌肉的协调。因此要戒烟，少喝咖啡。由于胰岛素会被过度的糖分激活导致血糖变化，进而产生疲劳、坐立难安和肥胖等问题，因此要少吃甜食。

15 束手无策的自身免疫失调

这些日子听龙叔叔说了那么多，小龙崎渐渐地意识到人体自身的力量是挺强大的。人体的免疫系统不仅能够挡住许许多多细菌、病毒，而且能够使人的一些疾病自愈。但是如果免疫系统出了问题该怎么办呢？

于是小龙崎跑过去问龙叔叔："龙叔叔，如果人的免疫系统出现了问题，那这个人是不是很容易得病啊？"

"小龙崎真善于思考问题。没错，如果人自身的免疫系统失调的话，后果是很严重的，你想知道是怎么回事吗？""龙叔叔您快给我讲讲吧。"小龙崎缠着龙叔叔问个不停。

让我们先看看到底什么是自身免疫失调。简单来说，自身免疫失调就是免疫系统功能缺失而导致机体正常生理功能紊乱。主要有两种情况：一是免疫系统过于"灵敏"，对于自己身体里的某些物质"大举进攻"，也就是所谓的自身免疫性疾病。而自身免疫性疾病又分为两种：器官特异性自身免疫病和系统性自身免疫病。器官特异性自身免疫病的代表疾病有甲状腺功能亢进、重症肌无力等，系统性自身免疫病则有系统性红斑狼疮、类风湿性关节炎等。二是免疫系统不够强大甚至有缺陷，从而引起免疫缺陷病。免疫缺陷病是由于免疫系统发育不全或遭受损害所致的免疫功能缺陷引起的疾病，主要有重症联合性免疫缺陷病、吞噬细胞功能障碍、艾滋病等。

“龙叔叔，这样看来免疫系统失调导致的问题确实很严重啊！”小龙崎说道。

龙叔叔点点头：“没错，就拿重症肌无力来说，目前通过各种先进手段也仅有少部分患者能够恢复，很多情况下是无法根治的。不过，科学还在不断发展中，尽管人们现在还对自身免疫失调束手无策，但目前对基因的深入了解和研究已经让人类看到了曙光。小龙崎你知道吗？人类已经开始借助神奇的基因疗法治愈一些先天患有某种免疫失调的患者。”

不可不知的事

SCID 基因疗法

美国在1990年首开了基因疗法的先河，批准这个治疗方案用在一个4岁的腺苷脱氨酶（ADA）缺乏症患者身上。科学家利用基因工程技术，提取了患儿身上的T淋巴细胞，然后把校正后的ADA基因植入细胞中，最后注入患儿的血液。18个月的治疗后，该儿童的免疫力大大提高，就连在水痘流行期也安然无恙。SCID是人类第一种应用体细胞基因治疗技术对之进行治疗的疾病，这让很多SCID患者成为体外基因治疗的典范。

16 难治的异食癖

正在探险的小龙崎在野外观察到一些动物喜欢磨牙，对此非常好奇。龙叔叔见此，笑着说：“小龙崎，你小时候有时也会拿一些硬的东西磨牙哦，当时还以为得了异食癖呢。”

听到这里，小龙崎惊讶地说：“啊，龙叔叔不会是骗我的吧。对了，龙叔叔，您说的异食癖是什么？它容不容易治疗呢？”

“异食癖是由于饮食管理不当和味觉异常引起的一种复杂的多种疾病的综合征。目前它的治疗很困难……”龙叔叔开始娓娓道来。

异食癖的“癖”主要是指异食癖患者持续性地咬一些泥土、污物、纸片等非营养的物质。过去，异食癖被以为主要是因为体内缺乏一些微量元素如锌、铁等引起的疾病。但是目前更多的专家们持有这样一个观点，即认为心理因素才是引起异食癖的主要原因。尽管众说纷纭，但对于异食癖的真正成因至今尚未有确定性的结论，所以相关的治疗方法也没有实质性的进展。

在中医角度看，异食癖属于“疳症”“厌食症”“积滞”等范畴，大多是因为乳食积滞，损伤脾胃，运化失司所致，应当以健脾益胃、消食导滞的方法来治疗。但是目前中医

治疗异食癖的办法并不十分有效。从西医的角度上，异食癖是缺锌的表现。有一种叫作“味觉素”的东西，它是一种含锌的唾液蛋白质，能够维持口腔黏膜上皮细胞的结构功能和代谢的重要营养素，而缺锌会导致味觉素分泌减少。因此口腔黏膜上皮细胞增生修复和角化不全、易于脱落都是缺锌会引起的病症。再者，味蕾孔会被脱落的上皮细胞阻塞，导致食物接触味蕾孔不全或难以接触味蕾孔，不能引起味觉，从而造成味觉减退、味觉紊乱、味觉敏感消失，进一步导致食欲不振、异食癖或厌食等临床表现。

当然，也有可能异食癖是因为小孩子容易好奇，并且加上对外物认识不多，什么东西都喜欢尝尝、试试。总之，目前还需要进一步研究。

“原来如此！世界真神奇啊！居然还有这种东西！”小龙崎惊叹道。

“关于异食癖，还有更加神奇有趣的事情呢，它居然还有吉尼斯世界纪录！”龙叔叔笑着说。

不可不知的事

异食癖吉尼斯世界纪录

“最奇怪的异食癖”纪录保持者是法国人罗提多，他从1959年起一直吃金属和玻璃。曾经也从一名加拿大妇女胃中取出了包括947枚图钉在内的2533件物件，因此在1927年这名妇女当选全球“吞食杂物最多的人”。一位法国62岁的老翁因为喜欢硬币，吞食了法郎、欧元等350枚硬币，合计650美元。有一天，这名老人因无法忍受胃痛、难以吞咽来到医院做X光检查，医生从他的胃里取出了一些东西后惊呆了！因为除了上述的350枚硬币，居然还有钢针、项链等物！

17 疯狂的禽流感

小龙崎放学的时候看到学校门口有人在卖小鸡，小鸡摊档周围围了很多人。小龙崎看见可爱的小鸡，觉得特别可爱，正想掏钱买一只的时候，听到同学的妈妈说道：“别买了，小心得禽流感！”

小龙崎觉得很奇怪，就问叔叔龙叔叔：“禽流感是什么呀？好像是很可怕的东西，它和小鸡有关吗？”龙叔叔摸了摸小龙崎的头：“别急，听我慢慢说给你听。”

禽流感，全名“鸟禽类流行性感冒”，是由禽流感病毒引起的急性动物传染病。禽流感病毒具有高度的物种针对性，通常只感染鸟类，少数情况下感染猪、马、海豹和鲸等哺乳动物，只有罕见的跨物种才会感染人类。

禽流感在人与人之间的传播途径以消化道、呼吸道、皮肤损伤和眼结膜为主，广泛传播的途径主要为区域间的人员和车辆往来。人类感染禽流感后的主要表现为高热、咳嗽、流涕、肌痛等，多数伴有严重的肺炎，严重者心、肾等多种脏器衰竭进而导致死亡。人感染禽流感的病死率极高，约为 33%。

禽流感是一种由甲型流感病毒（也称“禽流感病毒”）引起的传染性疾病，又称“真性鸡瘟”或“欧洲鸡瘟”。禽流感按病原体类型差异可分为三类。第一类是非致病性禽流感，感染的禽鸟没有明显症状，只是其体内产生病毒抗体。第二类是低致病性禽流感。低致病性禽流感较非致病性禽流感严重，它能使感染禽类出现轻度呼吸道症状、食量减少、产蛋量减少等症状，少数禽鸟甚至死亡。第三类是高致病性禽流感。高致病性禽流感最为严重，发病率和死亡率均高，人感染高致病性禽流感死亡率约是 60%，家禽感染的死亡率几乎是 100%。因此，国际兽疫局将禽流感定为甲类传染病。

感染禽类的品种、年龄、性别、并发感染程度、病毒毒力和环境因素的不同决定了禽流感的症状的不同，但总起来说感染群在呼吸道、消化道、生殖系统、神经系统等方面都会出现一定的异常。鸡感染禽流感病毒后精神抑郁，食用饲料减少，因而消瘦；母鸡感染后还会增强就巢性，产蛋减少。与染病鸡的症状相似，人感染后有轻度至重度的咳嗽、打喷嚏和大量流泪等呼吸道症状，头部和脸部水肿，神经紊乱，腹泻。这些症状既有可能单独出现，也有可能组合出现，还可能因爆发迅速而没有明显症状。禽流感潜伏期的长短与病毒的致病性、感染病毒的量、感染途径和被感染禽的品种有关，短则几个小时，长亦不过几天。

不可不知的事

最早的禽流感

1878 年，意大利发生了鸡群大量死亡的“鸡瘟”事件，这是文献记载中最早的禽流感。科学家在 1955 年证实禽流感致病病毒是甲型流感病毒，此后鸡瘟更名为“禽流感”。100 多年来，人类对阻止它能做的只是消毒、隔离、大量宰杀禽畜，并不能进行特异性的预防和治疗。

主要参考书目

［日］道村八大：《趣知科学：用孩子的方式讲科学》，张雨佳译，中国水利水电出版社，2013 年版。

［美］雷·斯潘根贝格、黛安娜·莫泽：《科学的旅程》，陈蓉霞译，北京大学出版社 2008 年版。

［英］尼克·阿诺德：《可怕的科学·经典科学系列》，曾蕾、韩庆九、刘岳等译，北京出版集团公司、北京少年儿童出版社 2010 年版。

［日］大泽幸子、米村传治郎：《科学无处不在：趣味科学馆》，徐继维、陈刚译，科学出版社有限责任公司 2013 年版。

［美］西奥多·格雷：《疯狂科学》，张子张译，人民邮电出版社 2011 年版。

路甬祥：《科学改变人类生活的 119 个伟大瞬间》，浙江少年儿童出版社 2012 年版。

［美］J. 道格拉斯·凯尼恩：《被禁止的科学》，熊晓霜译，江苏人民出版社 2011 年版。